Prácticas

Preparación al diploma de Español Lengua Extranjera

Jesús ARRIBAS

Rosa Mª de CASTRO

edelsa

EDICIONES EUROLATINAS SA

edi 6

General Oraá, 32
28006 Madrid
Teléf (91) 411 25 61
Télex 47088 EDSEE
Telefax (91) 261 92 70

©Jesús Arribas
  Rosa M.ª de Castro
© EDELSA/EDI 6
ISBN: 84-7711-063-8
Depósito legal: M. 12.408-1991
Maquetación: Joaquín González Dorao
Imprime: Gráficas Rogar. C/ León, 44. Fuenlabrada (Madrid)

Prólogo

El Diploma de Español como Lengua Extranjera (D.E.L.E.) es desde su creación, en 1988, el único título oficial de español válido internacionalmente. Otorgado por el Ministerio de Educación y Ciencia de España, reconoce a quien lo obtiene un conocimiento de esta lengua homologado con los criterios de competencia lingüística comunes a los principales idiomas.

Este libro de actividades ha sido programado especialmente para quienes se preparan para obtener el D.E.L.E. en su nivel BÁSICO, con el cual podrán acreditar un conocimiento de español suficiente en cualquier ámbito de comunicación habitual. Por ello, se adapta fielmente a los modelos oficiales de pruebas, planteando actividades de los siguientes tipos:

Comprensión y expresión oral

Textos orales con preguntas.
Dibujos en viñetas, con preguntas sobre su contenido.
Propuestas de exposición oral, con sugerencias para su preparación.
(*Para hacer más efectivo este bloque de actividades, acompaña a este libro una cinta grabada.*)

Comprensión y expresión escrita

Textos periodísticos, con preguntas de respuesta libre, verdadero/falso o de selección múltiple.
Propuestas de cartas personales, con instrucciones para su redacción.

Gramática y vocabulario

Textos incompletos, para rellenar huecos.
Ejercicios de selección múltiple.
Ejercicios de equivalencia léxica…

Para que el estudiante pueda trabajar con el libro de forma autónoma, al final se ofrecen las claves de autocorrección , con respuestas exactas siempre que es posible y, cuando no, aproximadas. También se dan transcritos los textos orales de las grabaciones para lograr un mayor afianzamiento en la comprensión.

Hemos querido, además, que todo el conjunto de ejercicios girara en torno a diferentes aspectos de la vida cotidiana de los españoles de hoy, reflejando sus costumbres y formas de actuar y pensar más corrientes. Este recorrido se hace a través de diez unidades, cada una de ellas de carácter monográfico. Así, el estudiante podrá establecer contacto no sólo con la lengua, sino también con la cultura en su más amplio sentido.

LOS AUTORES

Índice

Familia y costumbres.

A.Comprensión y expresión oral
•••
1.Textos orales

1.1 Escuche los siguientes avisos que se dan por la megafonía de un campamento infantil. Es el día de visita de los padres. Antes de empezar a escuchar la grabación, conviene que lea usted las preguntas.

Preguntas:

1. ¿Cuál es el nombre de este campamento?

....

2. ¿Qué se puede hacer en el campamento desde las diez hasta las once y media?

....

3. ¿Qué deben hacer las personas que vayan a quedarse a comer en el campamento?

....

4. ¿Cuándo hay que regresar al campamento?

....

1.2 En un noticiario radiofónico ha oído las siguientes informaciones:

Preguntas:

1. ¿A qué se dedica el suegro de Antonio Cardeñosa?

....

2. ¿Cuánto hace que don Secundino se ordenó de sacerdote?

....

3. ¿Cómo ha obtenido don Agapito de la Rosa las veinte mil pesetas?

....

1.3 En una emisora de radio ha oído las siguientes informaciones:

Marque sí o no:

1. En el zoo se pueden ver un par de focas recién nacidas.
   Sí ☐ No ☐
2. Para participar en el concurso de castillos hay que apuntarse el día anterior.
   Sí ☐ No ☐
3. La entrada al espectáculo de títeres resulta un poco cara.
   Sí ☐ No ☐

2. Expresión a partir de láminas

Observe con atención la historieta. Cuando conteste a las cuestiones que le planteamos, hágalo de forma oral. Además escríbalo.

2.1 Primera lámina

Póngase en el lugar de la enfermera. ¿Qué puede estar diciéndole al padre?

....

2.2 Segunda lámina

Póngase en el lugar de la niña de la moto. ¿Qué puede estar diciéndoles a sus amigos?

....

....

2.3 Tercera lámina

Póngase en el lugar de la madre. ¿Qué puede estar diciéndole al fotógrafo?

....

3.Exposición sobre un tema general

3.1 Sobre el siguiente tema, deberá hablar durante un tiempo no superior a cinco minutos. Le sugerimos que grabe su exposición, la escuche y trate de mejorar la expresión en una segunda grabación definitiva.

Tema: EL CONFLICTO GENERACIONAL.

Sugerencias:
Padres muy estrictos.
Hijos muy rebeldes.
Hermanos mayores y hermanos pequeños.
El dinero de la semana nunca parece suficiente.
Diferente nivel de exigencia según se trate de chicos o chicas.

3.2 Sobre el siguiente tema deberá hablar durante un tiempo no superior a cinco minutos.

Tema: LOS ABUELOS EN CASA.

Sugerencias:
¿Son molestos?
Relaciones de abuelos y nietos.
Atenciones que precisan.
¿En casa o en una residencia?

B. Comprensión y expresión escrita

• •

1.Texto periodístico informativo con preguntas sobre su contenido

Lea con atención el siguiente artículo:

En las grandes urbes se trata peor a los mayores

Los ingresos de ancianos suponen el 60% de los casos de urgencias clínicas.

Mayka Sánchez, **Madrid**

Los ancianos representan aproximadamente el 60% de las urgencias de los grandes centros hospitalarios de Madrid. La deshidratación, los problemas gastrointestinales y las complicaciones derivadas de estos procesos son, en los meses de verano, las patologías más comunes por las que esta parte de la población precisa asistencia médica. Mientras que algunos de estos ancianos regresan a sus casas al cabo
5 **de unos días u horas de ser atendidos, otros permanecen ingresados durante semanas o meses.**

Según señala Fernando Molina, internista del hospital La Paz, la problemática social del anciano que ingresa en un establecimien-
10 to sanitario es de dos tipos. Por un lado, está el caso del anciano con un problema médico que es traído por su familia con la intención de *aparcarlo*; y por otro, el
15 de aquel que es ingresado por un proceso agudo y que, cuando mejora, la familia se resiste a llevárselo a casa por las secuelas derivadas de ese proceso.
20 La primera situación es cada vez menos frecuente, «afortunadamente», dice Fernando Molina, que explica que suele tratarse de personas que no pueden valerse
25 por sí mismas y que sufren procesos crónicos o sus consecuencias (demencias, trombosis cerebral, fracturas de cadera e incluso cáncer).
30 Luego está el anciano que llega a urgencias por un proceso agudo que deja secuelas, como la parálisis producida por una trombosis cerebral, y, cuando es dado de
35 alta, la familia se niega a llevárselo, alegando que en casa no puede atenderlo en el nuevo estado.
En los grandes hospitales de

40 Madrid suelen ingresar al día un promedio de cuatro personas de más de 70 años con un problema social. Para Ventura Anciones, neurólogo de La Paz,
45 hasta hace unos años en los meses de verano aumentaba el número de ancianos que ingresaba por urgencias en los hospitales, «porque los familiares
50 querían dejarlo *aparcado* para irse de vacaciones».

Liberarse de molestias

«Ahora cualquier momento del año es bueno para liberarse de
55 ellos, aunque dicho así suene tremendamente duro», dice. Sin embargo, esta especie de abandono, que en la gran mayoría de los casos no es tan drástico,
60 puede ser explicable según este médico.
«Todos sabemos que en una ciudad como Madrid los pisos no son muy amplios y casi to-
65 dos los miembros de la familia están la mayor parte del tiempo fuera de casa por el trabajo, los estudios y otras obligaciones. Todo ello genera una dinámica
70 que en absoluto es favorable al anciano y que impide que se satisfagan los cuidados que

precisa cuando no puede valerse por sí mismo», explica el
75 doctor Anciones.
Dos serían las posibles soluciones a esta situación, según apunta Manuel Díaz Curiel, internista y responsable del
80 servicio de urgencias de la clínica de La Concepción. «Contamos con los centros de cuidados mínimos y con la asistencia domiciliaria», aclara. «En
85 cuanto a los primeros», matiza, «no quiere decir que ofrezcan mínimas o insuficientes atenciones, sino que ofrecen todos los cuidados que precisa un an-
90 ciano que no puede valerse por sí mismo y que no puede ser atendido en casa, pero que tampoco necesita estar en el hospital», explica.
«Sin embargo, el problema que existe es que estos centros son insuficientes para la demanda que hay, y a veces se requieren largos trámites burocráticos»,
100 añade. Respecto de la asistencia a domicilio, el doctor opina que «bien organizada, podría resultar barata y muy satisfactoria para una parte de esta po-
105 blación».

EL PAÍS, 3-IX-1990

Conteste a las siguientes preguntas:

1. ¿En qué tanto por ciento ingresan los ancianos en las urgencias clínicas de Madrid?

....

2. ¿Cuál es la estación del año en la que ingresan más ancianos en los hospitales?

....

3. ¿Cuántos ancianos con un problema social ingresan diariamente en los hospitales?

....

4. ¿Por qué resulta más difícil atender a los ancianos en una gran ciudad como Madrid?

....

5. ¿Qué dos soluciones se apuntan para atender a los ancianos que necesitan cuidados?

....

6. ¿Qué inconvenientes tienen en la actualidad los centros de cuidados mínimos?

....

2. Texto de anuncios y convocatorias con preguntas

A continuación va a leer la convocatoria de dos tipos de ayudas para funcionarios:

PRESTACIONES POR MATRIMONIO Y NACIMIENTO DE HIJOS DEL MUTUALISTA

SUBSIDIO DE NATALIDAD.

Consiste en la entrega al mutualista de una cantidad por el nacimiento de cada hijo. Si ambos cónyuges son mutualistas, el Subsidio sólo puede reconocerse a uno de ellos.

El importe del Subsidio es de 3.000 pesetas.

SUBSIDIO DE NUPCIALIDAD.

Consiste en la entrega al mutualista de una cantidad cuando contraiga matrimonio. Si los dos contrayentes son mutualistas, ambos tienen derecho a la percepción del Subsidio.

El importe del Subsidio es de 6.000 pesetas.

PRESTACIONES POR ESTUDIOS UNIVERSITARIOS

BECA DE MATRICULA

Las Becas de matrícula se conceden por un importe máximo de 60.000 pesetas cada una, destinadas a costear tanto la matrícula propiamente dicha, como los demás gastos de inscripción en los Centros de Enseñanza donde hayan de ser cursados los estudios.

AYUDA PARA MATERIAL DE ESTUDIO

Las ayudas económicas para material de estudio, consisten en bolsas de 30.000 pesetas cada una para costear la adquisición por el beneficiario de los libros de texto y material escolar necesario para cursar aquéllos en que se haya matriculado.

BECA DE RESIDENCIA

Las becas de residencia, que en el curso 89/90 ascienden a 477.000 pesetas cada una, abonables en nueve mensualidades de 53.000 pesetas, tienen por finalidad atender los gastos de residencia del beneficiario en Colegios Mayores adscritos a la Universidad en la que se vayan a cursar los estudios.

PLAZA GRATUITA EN COLEGIO MAYOR DE MUFACE

Las Plazas gratuitas en Colegios Mayores de MUFACE cumplen el mismo objetivo que la modalidad anterior, pero al tratarse de Centros propios de MUFACE -Nuestra Señora del Pilar de Zaragoza y Juan Luis Vives de Madrid-, los gastos de residencia corren por cuenta de MUFACE.

Estas prestaciones se conceden previa convocatoria anual de la Dirección General de MUFACE, que normalmente se realiza en el mes de junio. El número de Becas y Ayudas se fija en función de las disponibilidades presupuestarias; el número de plazas gratuitas depende de las vacantes previsibles en los Colegios Mayores de MUFACE.

Los mutualistas pueden obtener Becas de Matrícula y Ayudas para Material de Estudio. Los hijos y huérfanos de mutualistas pueden concurrir a cualquiera de las modalidades, que son compatibles entre sí, salvo las Becas de Residencia y las Plazas Gratuitas.

(Revista **MUFACE**)

Conteste a las siguientes preguntas:

1. ¿Cuál es la ayuda económica para una funcionaria que haya tenido mellizos?

....

2. ¿Qué cantidad recibe como ayuda un funcionario que se casa?

....

3. ¿Cuál es la cantidad mayor que se le concede a un estudiante para beca de matrícula?

....

4. ¿Cuáles son los Colegios Mayores propiedad de MUFACE?

....

5. ¿Para qué curso escolar es esta convocatoria de becas y ayudas?

....

6. ¿Para qué se ofrecen bolsas de treinta mil pesetas?

....

7. ¿En qué fecha se convocan estas ayudas?

....

●●

3.Artículo periodístico de opinión, con preguntas a las que deberá contestar VERDADERO/FALSO

Lea con atención el siguiente artículo:

Cuando ella gana más

Hasta hace pocos años era impensable que una mujer obtuviera un salario superior al de un hombre, salvo que se tratara de alguna artista de cine o de una cantante. Y fue por entonces cuando se acuñó el término de «señor de» para referirse a los hombres que vivían del dinero que ganaba su mujer.

Pero los tiempos están cambiando y aunque todavía las mujeres ganan por término medio -según el Ministerio de Hacienda- un 22,6 por ciento menos que los hombres en el mismo puesto de trabajo, ya no resulta anecdótico encontrarse con parejas en las que ella es la que aporta más dinero al hogar. Esto, en principio, no tendría por qué ser un problema, pero la realidad cotidiana nos demuestra que sí lo es. Según las estadísticas, el 20 por ciento de los conflictos conyugales surgen a causa del dinero y muchos de ellos se deben a las peleas sobre quién debe manejarlo y aportarlo. En los casos más graves, el hombre se niega incluso a que su mujer trabaje fuera de casa porque se siente herido en su virilidad. Le han educado para ser el proveedor de alimento para su familia y si no lo consigue, piensa que ha fracasado.

A medida que el nivel cultural es más alto, el hombre no suele oponerse a que su esposa tenga un trabajo remunerado; pero de eso, a admitir tranquilamente que su compañera gane más que él, va a un mundo... En ocasiones, el rechazo se produce a consecuencia de los comentarios malintencionados de amigos y familiares: «Menudo chollo has encontrado» (risitas irónicas), «O sea que la que manda en *tu* casa es ella» (sonrisas conmiserativas). Y lo peor de todo es que muchos de estos hombres son incluso modernos y liberales en otros aspectos de su vida y no se atreven a expresar clara y abiertamente su preocupación. En los casos más graves se han llegado a detectar problemas físicos originados por la angustia, como estrés, depresión y, sobre todo, falta de deseo sexual, impotencia o eyaculación precoz. Los cimientos se hunden.

Hay que reconocer en su favor que mientras las mujeres viven una época de conquistas, los hombres pasan por una situación de crisis. A su alrededor se derrumban los principios fundamentales que les enseñaron cuando eran pequeños; la superioridad del varón, el mito del sexo fuerte, la norma tradicional de mujer en casa y el hombre a conseguir el sustento, etc... Se encuentran perdidos y desconcertados, no saben cuál es su papel y, lo que es peor, viven cada logro femenino como una pérdida de prerrogativas masculinas.

La situación puede llegar a hacerse insostenible cuando ambos tienen una profesión similar, y es ella la triunfadora, la admirada y la conocida. Los celos profesionales les hacen sentir que han fracasado y, en ocasiones, viven el triunfo de sus compañeras como una agresión.

Incluso llegan a sentir miedo y a dudar del amor de su pareja, al suponer -por aquello del *tanto tienes, tanto vales*- que al tener menor categoría y sueldo, ella no podrá admirarlo y de ahí, a dejar de quererlo y respetarlo, sólo hay un paso.

Pero todas estas elucubraciones, normalmente nada tienen que ver con los sentimientos y la forma de actuar de las mujeres, salvo por el hecho de que ellas también lo pasan mal. Aguantan estoicamente determinados reproches, aún a sabiendas de que el verdadero problema es otro, o tratan de engañarse pensando que los malos modos de su marido son pasajeros y que se deben a problemas laborales.

En estos casos, la única solución es hablar claramente y a pecho descubierto sobre el asunto. Tratar de hacer entender al hombre que su virilidad no puede medirse por unos cuantos miles de pesetas más o menos y que la teoría del macho protector y proveedor de alimentos se remonta a la prehistoria cuando ésa era la única forma de que sobrevivieran la madre y las crías. Si es necesario, se debe llegar incluso a pactar soluciones temporales, si la crisis es muy grave. Por ejemplo, lo que hicieron Sonia (ejecutiva de publicidad) y Francisco (delineante): Aportar el mismo dinero para el mantenimiento de la casa e ingresar el resto del salario de ella en una cartilla a su nombre y al de sus dos hijos. Pasado un tiempo él comprendió que era una tontería que todos vivieran peor por un orgullo mal entendido.

Esperanza Rodríguez.
Revista SER PADRES
HOY, nº190, Septiembre
1990.

Lea las siguientes frases. Señale V (verdadero) o F (falso) en relación con el contenido del artículo. A continuación, busque la parte del texto en la que se ha basado para escribir V/F y escríbala en las líneas de puntos.

1. *Las mujeres siempre han tenido salarios superiores a los de los hombres.*

   V ☐ F ☐ ....

2. *Todos los maridos que tienen salarios menores que sus mujeres sufren de impotencia.*

   V ☐ F ☐ ....

3. *En ocasiones, el hombre no soporta el triunfo profesional de su mujer.*

   V ☐ F ☐ ....

4. *Las mujeres están viviendo un buen momento en el acceso al mundo profesional.*

   V ☐ F ☐ ....

5. *Los hombres están encantados con los logros profesionales de las mujeres.*

   V ☐ F ☐ ....

6. *Los conflictos conyugales, en un veinte por ciento, se deben a causas económicas.*

   V ☐ F ☐ ....

7. *A nivel cultural más alto, menor oposición del hombre a que la mujer trabaje.*

   V ☐ F ☐ ....

4. Redacción de una carta a partir de instrucciones

Rosa y Félix, amigos suyos, van a casarse y le han enviado a usted una invitación para que asista a su boda. Como no puede asistir, se lo va a comunicar en una carta. La carta deberá contener al menos lo siguiente:

1. Encabezamiento y despedida.
2. Felicitación.
3. Motivo por el que no puede asistir.
4. Adelánteles que les envía un regalo.

C. Gramática y vocabulario

•••
1. Texto incompleto con 10 huecos

El siguiente texto está incompleto. Deberá rellenar cada uno de los huecos con la palabra más apropiada.

¿Cuándo se le debe decir a un niño que es adoptado? Hacia los tres años parece la edad más oportuna para empezar a informarle. A algunos padres adoptivos les asusta ..... momento en que han de hablar con el niño, ... piensan que la verdad les va a hacer daño. Sin .... , no hay razón para preocuparse, porque el niño seguramente ..... a aceptarlo con toda naturalidad, siempre que se haga a una .... temprana.

A los tres años los niños lo preguntan .... y una de las cosas que más les interesa .... saber de dónde vienen. Por eso esta edad es la .... para comunicarles lo que tanto parece preocupar a los padres. .... que dejarle muy claro que él ha sido un .... elegido y deseado.

•••
2. Ejercicios de selección múltiple. Gramática

En cada una de las siguientes frases hay un hueco que deberá rellenar con una de las cuatro expresiones, eligiendo la que sea más correcta.

1. Los padres y los hijos .... respetar mutuamente.
   a) deberse   b) se deben   c) se tienen   d) deben

2. La vió por la calle y ....
   a) la enamoró a ella.   b) se quiso con ella.   c) se enamoraba de ella.   d) se enamoró de ella.

3. .... muy tristes porque no nos escribes.
   a) Yo y papá estamos   b) Papá y mamá estamos   c) Papá y yo estamos   d) Papás estamos

4. A mi abuela no .... el dinero de la pensión.
   a) se la llega   b) se le llega   c) le llega   d) la llega

5. ¿................................. la familia está en crisis?
   a) Es verdad que   b) Es de verdad   c) Es la verdad   d) La verdad es que

6. Cuando nació su hermano, se .... desplazado.

   a) ha sentido b) hubo sentido c) sintió d) sintiera

7. Mi hermana .... un violinista de la orquesta.

   a) va a casar b) va a casar con c) se va a casar con d) se va a casar

8. Inés, ¿quieres a Alvaro .... esposo?

   a) por b) de c) para d) a manera de

9. Mi sobrina está .... de un momento a otro.

   a) para que dé a luz b) para dar a luz c) para que diese a luz d) para que diera a luz

10. Tu hija está ....

   a) más y más alta. b) alta cada vez más. c) cada vez más alta. d) alta más cada vez.

11. .... la reprendían, se encerraba en su habitación.

   a) Toda vez que b) Siempre c) Siempre cuando d) Siempre que

12. Nuestra nueva casa es .... anterior.

   a) comodísima que la b) la más cómoda que la c) más cómoda de la d) más cómoda que la

13. ¿Te gustaría .... unos días con los abuelos?

   a) de pasar b) pasando c) que pases d) pasar

14. .... te trate la vida, no te deprimas.

   a) Aunque mal b) No obstante mal c) Por muy mal que d) Por que

15. Por mi cumpleaños, ... una moto.

   a) regalaron b) a mí regalaron c) me han regalado d) han regalado

16. Te .... si vieras lo joven que está la bisabuela.

   a) sorprende b) sorprendía c) sorprendiera d) sorprendería

17. Hijo, no hagas caso .... te hable.

   a) el primero que te b) primero el que c) a el primero que d) al primero que

18. .... tengo aquí, son los encargos de mamá.

   a) Éstos que b) Unos que c) Aquéllos que d) De que

19. No .... el divorcio sea la mejor solución para tu caso.

   a) creo de que b) creo el que c) creo que d) creo

20. ¡Ay, ... es mi niño!

   a) cuánto guapo b) cómo de guapo c) qué guapo d) guapo

3. Ejercicio de selección múltiple. Vocabulario

En cada una de las siguientes frases hay un hueco que deberá rellenar con una de las cuatro palabras, eligiendo la más apropiada.

1. ¿Quién no ha sentido alguna vez deseos de .... *a su jefe contra la pared?*

    a) atropellar   b) asesinar   c) estrujar   d) estrellar

2. Cuando cumplió el año y medio, ... en comer sola.

    a) decidió   b) quiso   c) se empeñó   d) deseó

3. Ya solo .... dos hermanos en casa.

    a) vivimos   b) habitamos   c) cohabitamos   d) alojamos

4. Los abuelos dan siempre buenos consejos a sus ....

    a) sobrinos   b) primos   c) yernos   d) nietos

5. La hija de mi hermano es mi ....

    a) sobrina   b) prima   c) tía   d) nuera

6. Nacieron los dos el mismo día. Son ....

    a) iguales.   b) mellizos.   c) un par.   d) un dúo.

7. ¿Pero es que no sabes hacer otra .... que oír música?

    a) actividad   b) faena   c) tarea   d) cosa

8. No hay .... de que mis padres me comprendan.

    a) fórmula   b) razón   c) manera   d) modales

9. Voy a pedir .... para llegar más tarde a casa esta noche.

    a) licencia   b) pase   c) libertad   d) permiso

10. Papá, que ya eres .... *para hacer deporte.*

    a) grande   b) más grande   c) muy grande   d) mayor

4.Vocabulario. Equivalencia

Cada una de las siguientes frases va seguida de tres expresiones (A,B y C), con una de las cuales puede construir un significado equivalente. Señale cuál de ellas es.

1. No se deben pagar con los hijos <u>los conflictos personales</u>.

   a) los problemas propios.   b) los conflictos de una persona.   c) los problemas de la persona.

2. Mi hijo <u>va a terminar ya</u> los estudios secundarios.

   a) ha terminado ya   b) ya está a punto de terminar   c) está por terminar ya

3. <u>El día que nació</u> fue explorado minuciosamente por el pediatra.

   a) Al nacer el día   b) Cuando nació   c) Al día de nacer

4. Mamá, <u>danos</u> un bocadillo de chorizo.

   a) colócanos   b) métenos   c) prepáranos

5. Lola, después de <u>divorciarse</u>, vivió momentos muy malos.

   a) pelearse   b) separarse   c) alejarse

6. A mi marido lo <u>han destinado</u> a Guinea.

   a) han retirado   b) han enviado   c) han movido

7. Pero niño, ¿por qué vienes <u>tan</u> sucio?

   a) tanto   b) así de   c) así

8. Por navidad, <u>tenemos la costumbre de</u> reunirnos todos.

   a) poseemos la costumbre de   b) solemos de   c) acostumbramos a

9. Cuando empieza <u>el colegio</u>, mi hijo siempre hace propósito de estudiar mucho.

   a) el tiempo del curso   b) el tiempo de clase   c) el curso

10. A mí en mi casa sólo me dan trescientas pesetas <u>semanales</u>.

    a) por semana.   b) esta semana.   c) en la semana.

11. Estos asuntos sólo deben tratarse <u>en el seno del hogar</u>.

    a) en el dormitorio.   b) en familia.   c) en el centro de la casa.

Anotaciones

Turismo.

A.Comprensión y expresión oral
1.Textos orales

 1.1 Escuche los siguientes avisos que se dan por la megafonía de un aeropuerto y a continuación conteste a las preguntas que le formulamos. Antes de empezar a escuchar la grabación, conviene que lea usted las preguntas.

Preguntas:

1. ¿Cuál es el destino de los viajeros del vuelo 601?

....

2. ¿A quién avisan para que acuda a información?

....

3. ¿Quiénes van a ser los primeros en embarcar?

....

 1.2 En un noticiario radiofónico ha oído las siguientes informaciones:

Preguntas:

1. ¿Adónde debe usted ir si quiere ver una corrida de toros?

....

2. ¿Qué espectáculo puede ver en San Lorenzo del Escorial?

....

3. ¿Cuándo actúa Pavarotti?

....

 1.3 El guía de una excursión se dirige a los viajeros por la megafonía del autocar y les comunica lo siguiente:

Preguntas:

1. ¿A qué hora han llegado los turistas a Toledo?

....

2. ¿Dónde van a dejar el autocar?

....

3. ¿Cuándo van a conocer los turistas el programa de visitas de la tarde?

....

2. Expresión a partir de láminas

Observe con atención la historieta. Cuando conteste a las cuestiones que le planteamos, hágalo de forma oral. Además escríbalo.

2.1 Primera lámina

Póngase en el lugar del caballero de la última viñeta. ¿Qué diría usted?

....

....

2.2 Segunda lámina

Póngase en el lugar de esta chica en la última viñeta. ¿Qué diría usted?

....

2.3 Tercera lámina

Póngase en el lugar del conductor. ¿Qué diría usted?

....

3. Exposición sobre un tema general

3.1 Sobre el siguiente tema, deberá hablar durante un tiempo no superior a cinco minutos. Le sugerimos que grabe su exposición, la escuche y trate de mejorar la expresión en una segunda grabación definitiva.

Tema: VACACIONES EN LA PLAYA O EN LA MONTAÑA.

Sugerencias:
Juegos en la playa.
Tomar el sol unos días es muy agradable, pero a veces…
Hay mucha gente en las playas.
En la montaña se pueden hacer excursiones.
Debemos llevar ropa algo especial.

3.2 Sobre el siguiente tema deberá hablar durante un tiempo no superior a cinco minutos.

Tema: LOS VALORES SOCIALES DEL TURISMO.

Sugerencias:
Conocemos nuevas gentes.
Los extranjeros no son tan raros, ¿o sí?
Nuevas amistades.
Los transportes actuales ponen las cosas más fáciles.

B.Comprensión y expresión escrita

1.Texto periodístico informativo con preguntas sobre su contenido

Lea con atención el siguiente artículo:

Las vacaciones insatisfechas

Aviones sin ruedas y comerciantes que acosan, entre las últimas reclamaciones de los viajeros

RAFAEL RUIZ

Ha terminado otro período de vacaciones, el navideño, y entre felicitaciones y deseos de bienestar se han colado quejas de viajeros no del todo satisfechos. La República Dominicana, la India, el Sáhara y Túnez, como destinos-estrella del otoño, y Marraquech, como meta predilecta de las rutas de fin de año, ponen el escenario. Para algunos, aviones antiguos han convertido los viajes más cómodos en imprevisibles aventuras; para otros, ciertos vehículos todo terreno dieron un toque demasiado pesado a la aventura.

Santos Robles cuenta tantas maravillas de Santo Domingo como desventuras de su itinerario. Firma en representación de un grupo de 52 personas. «Contratamos el viaje con la mayorista Travelplan, que utilizaba los servicios de Antillana de Navegación. Como esta compañía aérea no tiene permiso de Aviación Civil para operar desde España, hemos sufrido retrasos continuos y demoras de hasta un día sin ningún tipo de explicación. La solución que daban los operadores consistía en traslados a Lisboa, Caracas, etcétera, para hacer trasbordos. Así, el viaje, que tiene duración de ocho horas, se alargó hasta casi 24.»

Santos Robles detalla las condiciones del avión: «Antillana ha llegado a despegar de Lisboa con los pasajeros aún de pie», «aquello parecía una sauna, sin aire acondicionado», «no es extraño que en el despegue se desprendiera la cubierta de plástico de la salida de emergencia». El mayor problema parece ser que se presentó a la hora de volver a España: «El día de la salida nos informaron que el avión de Antillana no podía despegar y que se retrasaba el viaje 24 horas. La gente empezó a ponerse nerviosa al correr el rumor, que confirmó después el gerente de la compañía aérea, gracias a la mediación de Carlos Fragío, cónsul de la Embajada de España, de que el avión no tenía ruedas. Se las había prestado a una compañía canadiense que había reventado las suyas en el aterrizaje».

EL PAÍS, 21-I-1990

Conteste a las siguientes preguntas:

1. ¿En qué meses han preferido los turistas viajar a Sáhara y Túnez?

....

2. ¿Cuál ha sido el destino preferido por los turistas durante el mes de diciembre?

....

3. ¿A quién se deben las opiniones que en este artículo vienen entrecomilladas?

....

4. ¿Con qué compañía aérea realizaron el viaje estos turistas?

....

5. ¿Por qué hacía tanto calor en el avión?

....

6. ¿Por qué no pudo despegar el avión para volver a España el día previsto?

....

2.Texto de anuncios y convocatorias con preguntas

A continuación va a leer tres bloques de sugerencias en torno a algunas actividades turísticas:

Excursiones pedestres. El grupo Ademón, con base en Málaga, ha preparado las siguientes actividades de montañismo para febrero: excursión al paraje natural del Torcal de Antequera (4 de febrero), por 1.800 pesetas para los socios de la Sociedad Excursionista de Málaga, 2.800 los no socios; curso de iniciación de escalada en roca (6, 10, 11, 13, 17 y 18 de febrero), desde 8.850 pesetas los socios federados hasta 13.000 los no socios. Los precios incluyen viaje, monitores, guías y alojamiento. Información e inscripciones en la Sociedad Excursionista de Málaga, República Argentina, 9 , Málaga (de 8 a 10 de la noche), o llamando a Ademón : 952/ 28 82 73.

Circuito por Túnez. Viajes Turkana sale todos los lunes desde Madrid en avión con destino a Túnez, para visitar en ocho días sus playas y pueblos más típicos, desde la isla de Yerba hasta Hammamet. Por 70.000 pesetas, media pensión. Reservas en: Santa María, 20. Madrid. (91/ 420 14 670).

Tertulias. La librería de viajes Años Luz sigue con su ciclo de tertulias abiertas al público. Los jueves, a partir de las siete y media de la tarde. Para este primer trimestre los temas a tratar son: La fotografía en los viajes (25 enero), el todo terreno (1 febrero), Zimbabue y Zanzíbar (15 febrero), Berlín, la capital alternativa (1 marzo), Ecuador (15 Marzo), la bicicleta de montaña (22 marzo) y Namibia (29 marzo). En Francisco de Ricci, 8. Madrid. (91 / 243 01 92).

EL PAÍS, 21-I-1990

Conteste a las siguientes preguntas:

1. *Una vez en El Torcal de Antequera, ¿qué medio de transporte se va a utilizar para realizar la excursión?*

....

2. *¿Por qué la excursión a El Torcal de Antequera tiene dos precios distintos?*

....

3. *¿Cuántos días dura el curso de iniciación de escalada en roca?*

....

4. *¿Cuánto dura el viaje del Circuito por Túnez?*

....

5. *¿En qué dirección puede hacer su reserva para el Circuito por Túnez?*

....

6. *¿Qué ofrece la librería Años Luz en el anuncio?*

....

3. Artículo periodístico de opinión, con preguntas a las que deberá contestar VERDADERO/FALSO

Lea con atención el siguiente artículo:

LA REVOLUCIÓN DEL SOL

El sol no forma parte de nuestro ocio, en un sentido pleno, hasta bien entrado el siglo. Porque incluso cuando la civilización 5 occidental descubrió playas y montañas como lugares de ocio, el astro solar seguía siendo rehuido: «estar moreno» no se llevaba, no era la moda. «Ligar 10 bronce»* se ha convertido en una auténtica obsesión colectiva, en un valor socialmente prestigioso y también en una gran industria que mueve mucho di-15 nero: hay cremas para proteger la piel antes, durante y después del baño, y las hay en graduación y clase casi ilimitada y existen también para potenciar el bron-20 ceado y hacerlo más duradero. Nada hay que objetar a este fe-

nómeno industrial. Sólo que no se puede confiar a ciegas en cremas y lociones para neutralizar 25 los efectos de la acción solar. Los médicos llevan mucho tiempo insistiendo en lo nocivo de las largas exposiciones al sol, en el 30 riesgo que para la salud tiene ese crecimiento desmesurado de la melanina. No desconocen, naturalmente, sus secuelas positivas: suministra al organismo, por 35 ejemplo, calcio y vitamina C. Pero tampoco ignoran las contrapartidas si el sol se toma de modo abusivo: además de las lesiones de la piel, que pueden ser 40 gravísimas, está demostrada la etiología solar de muchos cánceres dermatológicos, y asimismo el influjo del sol en los procesos

de envejecimiento. Y no deja 45 de resultar paradójico que una civilización tan «juvenilizada» como la nuestra practique, a veces de modo tan desaforado, 50 un culto solar que redunda en la aceleración de esa vejez que tanto se teme. Pero estas contradicciones forman parte también de nuestros valores. 55 Aceptar sin más estas paradojas parece poco inteligente. Tomar el sol es un derecho y debe ser una fuente de placer, no de innecesarias y, a veces, 60 muy graves patologías.

*«Ligar bronce» : ponerse moreno.
ABC, 19-VIII-1990

Lea las siguientes frases. Señale V (verdadero) o F (falso) en relación con el contenido del artículo. A continuación, busque la parte del texto en la que se ha basado para escribir V/F y escríbala en las líneas de puntos.

1. *Tomar el sol es una costumbre relativamente reciente.*

   V ☐ F ☐ ....

2. *Entre las muchas cremas solares, hay una para quitar instantáneamente el bronceado de la piel.*

   V ☐ F ☐ ....

3. *Cualquier crema que se venda en las farmacias sirve para combatir los efectos nocivos del sol.*

   V ☐ F ☐ ....

4. *Los médicos aconsejan no tomar el sol en exceso.*

   V ☐ F ☐ ....

5. *El sol es beneficioso para las personas que carecen de calcio y vitamina C.*

   V ☐ F ☐ ....

6. *Tomando el sol de forma abusiva se evita el cáncer de piel.*

   V ☐ F ☐ ....

7. *La sociedad actual busca siempre parecer joven.*

   V ☐ F ☐ ....

•••

4.Redacción de una carta a partir de instrucciones

En el folleto de una agencia de viajes ha visto usted el siguiente anuncio:

TARIFAS ESPECIALES PARA JOVENES			
MADRID-PARIS	13.650 PTS.	BARCELONA-MULHOUSE	12.700 PTS.
MADRID-NIZA	11.700 PTS.	BARCELONA-TOULOUSE	5.800 PTS.
MADRID-BURDEOS	7.700 PTS.	BARCELONA-NIZA	7.700 PTS.
MADRID-TOULOUSE	7.700 PTS.	BARCELONA-LYON	10.650 PTS.
MADRID-LYON	12.650 PTS.	PALMA-PARIS	11.700 PTS.
MADRID-MARSELLA	11.700 PTS.	ALICANTE-PARIS	13.650 PTS.
MADRID-ESTRASBURGO	20.850 PTS.	VALENCIA-PARIS	12.650 PTS.
BARCELONA-BURDEOS	10.500 PTS.	MALAGA-PARIS	16.550 PTS.
BARCELONA-PARIS	10.650 PTS.	SEVILLA-PARIS	16.550 PTS.
BARCELONA-MARSELLA	7.700 PTS.		

Información sobre Francia:
MAISON DE LA FRANCE. Alcalá, 63. Tel. 276 31 44. MADRID
Gran Vía de las Corts Catalanes, 656. Tel. 318 01 91. BARCELONA.

Escriba una carta a la dirección que se indica en el anuncio, solicitando más información sobre un viaje que usted habrá elegido previamente. La carta deberá contener al menos lo siguiente:

1. Encabezamiento y despedida.
2. Alusión al folleto en el que ha visto el anuncio.
3. Fecha y duración de su posible viaje.
4. Pida que le informen sobre los servicios que van incluidos en este precio.
5. Pregunte por la fórmula de pago.
6. Pregunte por la clase de vuelo: línea regular o charter.

C.Gramática y vocabulario

1.Texto incompleto con 10 huecos

El siguiente texto está incompleto. Deberá rellenar cada uno de los huecos con la palabra más apropiada.

Ávila es la capital de la provincia del mismo nombre. Es la ciudad más alta de España (1.130 m). La parte antigua de la ciudad está rodeada por unas murallas que fueron construidas en la Edad Media y que .... las mejor conservadas de España. Se puede acceder a la ciudad por .... de sus nueve puertas y pasear por sus calles en las que .... palacios del siglo XVI y muchas iglesias. La catedral es de transición entre los .... románico y gótico y fue levantada sobre el lugar .... alto de la ciudad.

Después de una visita por sus principales monumentos, puede usted .... en alguno de los restaurantes los platos .... de la región, como las judías del Barco, el cochinillo asado y .... ternera de Ávila. Como punto final de la comida, puede .... de postre yemas de Santa Teresa. Desde el mirador del Rastro se .... un extenso valle regado por el río Adaja.

2.Ejercicios de selección múltiple. Gramática

En cada una de las siguientes frases, hay un hueco que deberá rellenar con una de las cuatro expresiones, eligiendo la que sea más correcta.

1. El viaje en avión es .... rápido que en tren.
   a) más   b) muy más   c) mucho   d) menos

2. Cuando.................... del hotel, no olvides dejar la llave de la habitación en recepción.
   a) sales.   b) salgas.   c) salieras.   d) hayas salido.

3. .... la playa se pueden dar largos paseos.
   a) Dentro de   b) Sobre   c) Encima de   d) Por

4. Mañana .... en un restaurante de cuatro tenedores.
   a) comimos   b) comeremos   c) habremos comido   d) estaremos comiendo

5. Hemos estado en el museo contemplando .... murales de arte contemporáneo.

   a) espléndidos   b) espléndidas   c) espléndido   d) espléndida

6. .... nos gusta comer al aire libre.

   a) Nosotros   b) A ti y a mí   c) A mí y a ti   d) Tú y yo

7. ¿Con este pase .... me han dado tengo acceso a todas las salas del Museo del Prado?

   a) el cual   b) de que   c) el que   d) que

8. .... una cerveza bien fría, por favor.

   a) Me traiga   b) A mí traes   c) Tráigame   d) Traes

9. ¿Cuánto cuesta la habitación .... pensión completa?

   a) a   b) con   c) de   d) en

10. La catedral de Sevilla es .... que la de Burgos.

   a) mayor   b) más mayor   c) grande, más   d) muy grande

11. ¿A .... está el cambio del dólar?

   a) qué   b) cuanto   c) como   d) cuánto

12. Vamos a comprar .... recuerdo para los amigos.

   a) alguno   b) algún   c) cualquiera   d) ningún

13. Mañana habrá una excursión .... hace buen tiempo.

   a) a menos que   b) a condición de que   c) siempre que   d) si

14. No se .... las tiendas hasta las nueve y media.

   a) abre   b) abren   c) tienen abiertas   d) abrirá

15. .... corramos, no llegaremos a tiempo a la estación.

   a) Por mucho que   b) Por que   c) Sin embargo   d) De que

16. Se divierten .... dormir a los demás huéspedes del hotel.

   a) no dejar   b) no dejando   c) sin que dejen   d) no dejan

17. Trabaja .... en un restaurante chino.

   a) siendo camarero   b) como un camarero   c) como camarero   d) camarero

18. .... por la escalera porque el ascensor está estropeado.

   a) Suban   b) Se suban   c) Subirse   d) Súbanse

19. .... el pasaporte a Elena.

   a) Dala   b) Déla   c) Dale   d) Le dé

20. Para llamar a cobro revertido, ¿ ....?

   a) cómo hacer   b) cómo se hace   c) qué hace   d) cómo hace

3.Ejercicio de selección múltiple. Vocabulario

En cada una de las siguientes frases hay un hueco que deberá rellenar con una de las cuatro palabras, eligiendo la más apropiada.

1. El acueducto de Segovia fue .... por los romanos.

   a) izado   b) erecto   c) construido   d) fabricado

2. ¿A qué .... se sirve el desayuno?

   a) tiempo   b) hora   c) horas   d) momento

3. Santander tiene algunas de las .... más limpias de Europa.

   a) playas   b) puertos   c) arenas   d) acantilados

4. La Exposición Universal de Sevilla se .... en 1992.

   a) conmemorará   b) va a dar   c) festejará   d) celebrará

5. Este año .... al festival de cine de San Sebastián.

   a) vamos a ir   b) marcharemos   c) visitaremos   d) viajaremos

6. En España casi todas las autopistas son ....

   a) de pago.   b) de peaje.   c) de pagar.   d) de paga.

7. Santo Domingo de Silos es un .... monasterio de Burgos.

   a) anciano   b) anticuado   c) antiguo   d) añejo

8. ¿Le .... a usted visitar la sala capitular?

   a) gusta   b) conviene   c) viene   d) interesa

9. Merece especial .... el sepulcro de los Reyes Católicos.

   a) curiosidad   b) atención   c) aviso   d) contemplación

10. Se suele servir la cerveza con una ....

    a) aperitivo   b) canapé   c) tapadera   d) tapa

4.Vocabulario. Equivalencia

Cada una de las siguientes frases va seguida de tres expresiones (A,B y C), con una de las cuales se puede construir un significado equivalente. Señale cuál de ellas es.

1. Visité España por primera vez <u>a los quince años.</u>

   a) cuando tenía quince años   b) hace quince años   c) durante quince años.

2. Al año que viene <u>voy a realizar</u> un curso en la Universidad Internacional Menéndez Pelayo de Santander.

   a) estoy para realizar   b) me matricularé en   c) me enrolaré en.

3. Andorra es un buen sitio para <u>ir de compras.</u>

   a) ir a la compra   b) comprar   c) la compraventa.

4. Por las noches la gente de Madrid se reúne <u>en las terrazas</u> del Paseo de la Castellana.

   a) en las azoteas   b) en los balcones   c) en los bares al aire libre.

5. ¿Está usted enfermo del riñón? <u>La solución es el balneario de</u> Babilafuente.

   a) La solución es un baño en   b) La solución es tomar baños en   c) Acuda con la bañera a.

6. <u>La red de paradores nacionales</u> garantiza estancias muy gratas.

   a) La red de parados de la nación   b) Alguno de los paradores nacionales   c) El conjunto de paradores nacionales.

7. Toledo <u>celebra sus fiestas en</u> el Corpus Christi.

   a) festeja   b) celebra su santo en   c) va de fiesta en.

8. Debíamos <u>alquilar un coche</u> para recorrer la comarca.

   a) comprar a plazos un coche   b) tomar un coche en alquiler   c) arrendar un coche.

9. Desde la torre se <u>divisa gran parte de</u> la ciudad.

   a) ve casi toda   b) vigila casi toda   c) nos ve en toda.

10. Por favor, ¿<u>por dónde se va a</u> la oficina de correos?

   a) por dónde anda   b) cómo puedo llegar a   c) dónde aparece.

Anotaciones

....
....
....
....
....
....
....
....
....
....
....
....
....
....
....
....
....
....
....
....
....
....
....
....
....

Diploma básico de E.L.E.

Economía y trabajo.

A. Comprensión y expresión oral
• •
1. Textos orales

1.1 Escuche los siguientes avisos que se dan por megafonía a un numeroso grupo de aspirantes a ocupar un puesto de trabajo. Antes de empezar a escuchar la grabación, conviene que lea usted las preguntas.

Preguntas:

1. *¿A cuántas pruebas deberán someterse los aspirantes?*

....

2. *¿Cuál es la primera prueba que debe realizar una candidata que se llama Mari Carmen García?*

....

3. *¿Cuándo va a ser el reconocimiento médico?*

....

1.2 En un noticiario radiofónico ha oído las siguientes informaciones:

Señale V(verdadero) o F(falso):

1. *Si todavía no ha cumplido usted los veinticinco años, ¿puede usted acceder a alguno de estos puestos?*

V ☐ F ☐ ....

2. *¿Hay más de treinta plazas para los alumnos de Turismo?*

V ☐ F ☐ ....

3. *¿Puede solicitar alguien estos puestos en su nombre?*

V ☐ F ☐ ....

1.3 Un breve noticiario económico que oye por la radio le da la siguiente información:

Preguntas:

1. *¿Qué moneda ha experimentado baja esta semana con respecto a la peseta?*

....

2. *¿Qué bolsa se ha recuperado más esta semana?*

....

3. *¿Qué día está dando la radio este noticiario?*

....

2.Expresión a partir de láminas

Observe con atención la historieta. Cuando conteste a las cuestiones que le planteamos, hágalo de forma oral. Además escríbalo.

2.1 Primera lámina

Póngase en el lugar del jefe. ¿Qué le ha podido decir a quien ha entrado a solicitar empleo?

....

2.2 Segunda lámina

¿Qué dirá uno de los pescadores en la cuarta viñeta?

....

....

2.3 Tercera lámina

Póngase en el lugar del albañil que habla con los demás. ¿Qué les puede estar diciendo?

3. Exposición sobre un tema general

3.1 Sobre el siguiente tema, deberá hablar durante un tiempo no superior a cinco minutos. Le sugerimos que grabe su exposición, la escuche y trate de mejorar la expresión en una segunda grabación definitiva.

Tema: TRABAJO BIEN REMUNERADO PERO POCO SATISFACTORIO.

Sugerencias:
¿Qué es más importante: la remuneración o la satisfacción?
No se trabaja bien si no se está satisfecho profesionalmente.
Tampoco se trabaja bien si el sueldo es bajo.
El trabajo voluntario.

3.2 Sobre el siguiente tema deberá hablar durante un tiempo no superior a cinco minutos.

Tema: TRABAJO FÍSICO O TRABAJO INTELECTUAL.

Sugerencias:
Ventajas del trabajo físico.
Ventajas del trabajo intelectual.
Inconvenientes del trabajo físico.
Inconvenientes del trabajo intelectual.
Algunos trabajos pueden desarrollar los dos factores.

B. Comprensión y expresión escrita

● ●

1. Texto periodístico informativo con preguntas sobre su contenido

Lea con atención el siguiente artículo:

Los controladores aéreos aplazan la convocatoria de huelga

S.G.C., Madrid

La asociación de controladores aéreos ha aplazado la convocatoria de una huelga en el sector hasta que se reúnan con el director general de Aviación Civil. [5] Este cambio de posturas se debe a la carta que recibieron de la Administración en la que les ofrecían la posibilidad de dialogar en una reunión de la mesa de [10] concertación, cuya fecha no se ha fijado todavía pero que, según el presidente de la asociación de controladores aéreos, [15] Juan María García Gil, se puede celebrar a lo largo de esta semana.

García Gil calificó de positivo [20] el tono de la carta en la que se ofrecen a negociar el problema de los controladores de Zaragoza, aunque señala que la misiva «dice cosas diferentes a lo que [25] estipula el plan de transición». Ese plan significaría que los controladores de Zaragoza deberían dar instrucciones a los [30] militares y pedir un traslado voluntario «forzosamente», según el presidente que añadió que han recibido amenazas de altos cargos en caso de que no [35] se cumplieran los destinos.

EL PAÍS, 5-IX-1990

Conteste a las siguientes preguntas:

1. ¿Hasta cuándo han aplazado los controladores la convocatoria de huelga?

   ....

2. ¿Quién es Juan María García Gil?

   ....

3. ¿Quién ha amenazado a los controladores en el caso de que los destinos no se cumplan?

   ....

4. ¿Para qué fecha se ha fijado la reunión de la mesa de concertación?

   ....

2.Texto de anuncios y convocatorias con preguntas

En un periódico ha visto usted estos anuncios:

EMPRESA DE HOSTELERÍA

NECESITA CAMAREROS

- Veinte a treinta años.
- Experiencia mínima de un año.

Teléfono 597 47 75

De doce a dos y de cinco a siete. Sr.Roldán

GRAN JOYERÍA

PARA PRÓXIMA APERTURA

NECESITA:

DEPENDIENTES/AS

PEDIMOS: Edad 20/35 años.

FORMACIÓN: Bachiller superior-BUP
Facilidades para las relaciones con el público. Seriedad e integridad.

OFRECEMOS: Sueldo fijo. Seguridad Social del Régimen General desde el primer día. Posibilidad de promoción. Ambiente de trabajo agradable.

Interesados, dirigirse con curriculum y fotografía reciente al Apartado de Correos número 38099 - Madrid 28080

Conteste a las siguientes preguntas:

Anuncio primero

1. ¿Qué puesto de trabajo se ofrece?

....

2. ¿Qué edad deben tener los candidatos?

....

3. ¿Cuánto tiempo deben haber trabajado antes en un puesto similar?

....

Anuncio segundo

1. ¿Qué empleados se solicitan en el anuncio?

....

2. ¿Qué nivel de estudios se exige?

....

3. ¿Qué tipo de salario se ofrece: cobrar una cantidad fija o una comisión por ventas?

....

4. ¿Qué debe enviar si está interesado en esta oferta?

....

3.Artículo periodístico de opinión, con preguntas a las que deberá contestar VERDADERO/FALSO

Lea con atención el siguiente artículo:

Minero, 26 años

El cuerpo de Antonio Suárez Mella, ayudante minero de 26 años, el tercero de los tres trabajadores atrapados el pasado jueves por un desprendimiento en el pozo Polio, de la empresa Hunosa, fue encontrado sin vida la madrugada del lunes. Con los siniestros mineros ocurre como con los accidentes de tráfico: la opinión pública sólo se conmueve cuando un suceso produce simultáneamente un gran número de víctimas, como hace unos días en Yugoslavia, pero apenas registra el goteo regular de noticias que dan cuenta de una nueva víctima a añadir a la estadística. Y, sin embargo, un millar de mineros han perdido la vida en España en los últimos 10 años. Es seguro que si todas esas víctimas se hubieran producido en un mismo día, la opinión pública se habría manifestado con indignación pidiendo medidas drásticas, más seguridad, la urgente intervención de las autoridades.

Según un estudio de UGT, el índice de siniestralidad de la minería española supera en un 120% a la media de los países de la Comunidad Europea (y es cuatro veces mayor que en el Reino Unido, por ejemplo). Es cierto que las especiales condiciones geológicas de la cuenca asturiana favorecen esa siniestralidad, en particular por derrabe del carbón. Pero ello habría de traducirse en unas más severas medidas preventivas, cuando lo cierto es que la inversión en seguridad sigue estando en España muy por debajo de la de otros países: en 1987, la quinta parte que en el conjunto de Europa. Con todo, algunos accidentes típicamente mineros como las explosiones de gas grisú y los desprendimientos en derrabe, son ahora menos frecuentes que hace 15 ó 20 años merced a las medidas de seguridad adoptadas. Hunosa -que da empleo a 19.000 de los 27.000 trabajadores del sector en Asturias- destinó el pasado año 2.500 millones de pesetas a medidas de seguridad y prevención, incluyendo programas de formación profesional de los jóvenes mineros. Pero la experiencia indica que ello no basta. Entre otras cosas, porque la mecanización de los sistemas de trabajo ha dado ocasión a accidentes de nuevo tipo, como el incendio, el pasado mes de diciembre, de una cinta transportadora en el pozo Mosquitera, con el balance de cuatro trabajadores muertos. En total, 26 mineros perdieron la vida en el Principado a lo largo de 1989, elevando así un índice de siniestralidad que había venido descendiendo desde 1985.

A su vez, lo que ocurre en las minas es un reflejo de la situación en la mayoría de los sectores productivos. España sigue siendo, según datos aportados en marzo pasado por CC OO, el país del Occidente industrializado con mayor porcentaje de accidentes laborales: el 13% de los asalariados, el doble que en 1983, sufrieron a lo largo de 1989 algún accidente en el trabajo. El número de muertos por tales accidentes se elevó ese año a 1.981, lo que supuso un incremento del 14% respecto a 1988. En el último cuarto de siglo, un total de 60.000 trabajadores perdieron la vida en accidentes laborales en España, y cientos de miles más quedaron inválidos. Cifras demasiado escandalosas como para tomarlas a beneficio de inventario.

EL PAÍS, 5-IX-1990

Lea las siguientes frases. Señale V (verdadero) o F (falso) en relación con el contenido del artículo. A continuación, busque la parte del texto en la que se ha basado para escribir V/F y escríbala en las líneas de puntos.

1. *Todavía falta por encontrar a tres de los seis mineros atrapados en el pozo Polio.*

   V ☐ F ☐ ....

2. *Mil mineros han perdido la vida en España desde 1980.*

   V ☐ F ☐ ....

3. *En España hay aproximadamente los mismos accidentes de minería que en el Reino Unido.*

   V ☐ F ☐ ....

4. *La empresa Hunosa tiene empleados a todos los trabajadores de la minería en Asturias.*

V ☐ F ☐ ....

5. *En 1989 hubo en el Principado de Asturias más accidentes mineros que en años anteriores.*

V ☐ F ☐ ....

6. *La geología de Asturias es la única causa de que haya tantos accidentes en la minería.*

V ☐ F ☐ ....

7. *La explosión de gas grisú provoca menos accidentes en la actualidad que hace 16 años.*

V ☐ F ☐ ....

● ●

4.Redacción de una carta a partir de instrucciones

En un periódico ha visto usted la siguiente oferta de empleo:

COMPAÑÍA INTERNACIONAL
solicita para su Departamento Financiero

LICENCIADO EN EMPRESARIALES

BUEN NIVEL DE FRANCÉS HABLADO.
NO SE PRECISA EXPERIENCIA.

Se ofrece: Incorporación a una sólida empresa. Remuneración del orden de los 2.000.000 de pesetas brutas, negociables. Seguridad Social. Incorporación inmediata. Formación a cargo de la empresa. Ventajas sociales.
Interesados envíen *curriculum vitae* con dirección y teléfono de contacto al apartado de correos de Madrid número 21.023. Distrito postal número 28080. Referencia Licenciado Empresariales.

Escriba una carta interesándose por esta oferta de empleo. Se supone que también envía el curriculum. La carta deberá contener al menos lo siguiente:

1. Encabezamiento y despedida.
2. Pida usted más aclaraciones sobre las ventajas sociales que se ofrecen.
3. Pida que le aclaren también si se trata de un puesto exclusivamente para hombres.
4. Solicite también que le expliquen en qué consiste la formación que le van a dar en la empresa.
5. Como el anuncio ofrece incorporación inmediata, pregunte en qué fecha empezaría usted a trabajar.
6. Aclárele que usted ya está trabajando en un puesto parecido.

C. Gramática y vocabulario

· ·

1. Texto incompleto con 10 huecos

El siguiente texto está incompleto. Deberá rellenar cada uno de los huecos con la palabra más apropiada.

A Juan Alvaro no le importa madrugar. Cuando se levanta, aún es de noche y los únicos ruidos que se oyen en la casa son sus pisadas, yendo de acá para allá, del cuarto de baño a la cocina, de la cocina .... dormitorio. ¿Cómo le va a importar madrugar todos los días, ... de haber estado tres años en el paro, andando de .... en despacho, siempre con el curriculum a punto, ... conseguir nada. Ahora, todas las mañanas se .... hacia la parada del autobús a las siete y cuarto en .... Media hora más tarde está llegando al edificio .... trabaja. Ya sentado delante de su mesa lo primero que .... es abrir la correspondencia, después la clasifica según su asunto y por .... contesta las cartas que requieren respuesta. Parece poca cosa, pero este trabajo le lleva .... la mañana.

· ·

2. Ejercicios de selección múltiple. Gramática

En cada una de las siguientes frases, hay un hueco que deberá rellenar con una de las cuatro expresiones, eligiendo la que sea más correcta.

1. No pienso .... más por hoy.
   a) trabajar   b) que trabaje   c) de trabajar   d) a trabajar

2. No han vuelto a despedir a .... más.
   a) alguno   b) alguien   c) ninguno   d) ningún

3. El capataz se llevaba muy bien con .... trabajadores.
   a) las   b) unas   c) ningunos   d) sus

4. Este mes .... una paga extraordinaria para toda la plantilla.
   a) ha habido   b) hubo   c) tuvo   d) ha estado

5. El jefe no se atrevía .... del despacho.
   a) salir   b) a salir   c) de salir   d) para salir

6. Le despidieron .... siempre tarde al trabajo.

a) *porque llegó*   b) *como llegaba*   C) *porque llegaba*   d) *aunque llegaba*

7. Le ordenaron que lo .... todo.

a) *empaquete*   b) *empaquetara*   c) *empaquetar*   d) *empaquetaría*

8. Y me preguntó .... experiencia.

a) *si tenía*   b) *que tenía*   c) *tener*   d) *si tendré*

9. Oiga, ..., ¿retiramos ya la grúa?

a) *el jefe*   b) *jefe usted*   c) *tú, jefe*   d) *jefe*

10. Me ofrecían buen sueldo .... aceptar las otras condiciones.

a) *pero no pude*   b) *sino que pude*   c) *no obstante poder*   d) *pero pude*

11. .... cuarenta años cuando le ascendieron a subdirector.

a) *Ya había tenido*   b) *Tendría*   c) *Tiene*   d) *Tuvo*

12. Los pescadores, ... en alta mar, tienen pocas oportunidades de divertirse.

a) *estando*   b) *al estar*   c) *habiendo estado*   d) *para estar*

13. Disgustos, fatigas, malos sueldos: .... lo olvidó al jubilarse.

a) *todas*   b) *todo*   c) *el todo*   d) *todos*

14. Le ruego .... descuente del sueldo.

a) *a mí no me lo*   b) *no me lo*   c) *que no me lo*   d) *no a mí lo*

15. Ya .... marcharnos a casa.

a) *hora es de*   b) *es hora*   c) *es la hora*   d) *es la hora de*

16. Se pasan la vida ....

a) *hablando de las vacaciones*   b) *en hablar de las vacaciones*   c) *con hablar de las vacaciones*
d) *para hablar de las vacaciones*

17. .... es un trabajo duro.

a) *Conducir tren*   b) *El conducir tren*   c) *El conducir de un tren*   d) *Conducir el tren*

18. .... de las huelgas, la producción ha disminuido.

a) *Por motivo*   b) *Motivado*   c) *A motivo*   d) *Como motivo*

19. .... trabaja usted, ... deja trabajar a los demás.

a) *Ni (…), no*   b) *Ni (…), ni*   c) *No (…), no*   d) *Y no (…), y no*

20. No tenemos una base económica .... montar nuestro negocio.

a) *sobre cual*   b) *sobre el que*   c) *sobre la cual*   d) *sobre cuya*

3. Ejercicio de selección múltiple. Vocabulario

En cada una de las siguientes frases hay un hueco que deberá rellenar con una de las cuatro palabras, eligiendo la más apropiada.

1. .... de esta factoría está cualificado.

   a) El gentío   b) El personal   c) El grupo   d) El estamento

2. Llama a un .... para que nos arregle el desagüe.

   a) fontanero   b) aguador   c) forjador   d) soldador

3. Pasaremos mañana por su casa para .... la factura.

   a) recobrar   b) cobrar   c) obtener   d) sacar

4. No soy partidario de una inversión tan ....

   a) valiente   b) valerosa   c) brava   d) arriesgada

5. Nunca .... había trabajado como profesor.

   a) de antes   b) primeramente   c) antes   d) entonces

6. La gobernanta siempre nos trata de .... manera.

   a) fea   b) mala   c) malvada   d) antipática

7. Ha subido el petróleo .... ha bajado el dólar.

   a) además   b) también   c) y además   d) así como

8. Este empleo ofrece pocas posibilidades de ....

   a) movimiento   b) ascensión   c) promoción   d) escalada

9. ¿Tiene usted .... en contabilidad?

   a) experimento   b) experimentación   c) expectativa   d) experiencia

10. La subida de los precios ha hecho que la inflación ....

   a) incremente   b) engorde   c) aumente   d) se hinche

4.Vocabulario. Equivalencia

Cada una de las siguientes frases va seguida de tres expresiones (A,B y C), con una de las cuales se puede construir un significado equivalente. Señale cuál de ellas es.

1. Se precisa un delineante para empresa constructora.
   a) Es necesidad b) Se necesita c) Hay necesidad

2. El índice de desempleo ha descendido en el último trimestre del año.
   a) durante los meses de octubre, noviembre y diciembre
   b) desde primeros de octubre a primeros de diciembre
   c) este año en el final del trimestre

3. El secretario debe hacerse cargo de atender las llamadas.
   a) hacerse el cargo de b) encargarse de c) encargar de

4. Este trabajo está muy bien pagado.
   a) retribuido b) asalariado c) gratificado

5. Seguro que la comunidad internacional puede soportar una subida del precio del petróleo.
   a) Quizá b) Probablemente c) Es verdad que

6. Se necesitan vendedores dispuestos a viajar.
   a) a realizar viajes b) a preparar viajes c) a realizar un viaje

7. Está ya todo preparado para la apertura de nuestras oficinas en Barcelona
   a) iniciar b) comenzar c) inaugurar

8. Apenas quedan ya pedidos sin atender.
   a) Casi no hay b) No quedan c) No hay

9. Cuando vaya a una entrevista, debe usted ir bien aseado.
   a) bien peinado b) al aseo c) muy limpio

10. Para ocupar este puesto de trabajo es requisito imprescindible ser español.
   a) es indispensable b) es conveniente c) es muy aconsejable

Anotaciones

Gastronomía.

A.Comprensión y expresión oral
1.Textos orales

1.1 Escuche la siguiente receta que una experta gastrónoma da por la radio y a continuación conteste a las preguntas que le formulamos. Antes de empezar a escuchar la grabación, conviene que lea usted las preguntas.

Preguntas:

1. ¿Cuánto tiempo tiene que estar en el horno una pieza de cordero que pese un kilo?

....

2. ¿Qué clase de vino se le añade al final al asado?

....

3. ¿Por qué conviene cortar un poco la carne en crudo?

....

4. ¿Qué tipo de grasa hay que añadir a la carne?

....

1.2 En un noticiario radiofónico ha oído la siguiente información:

Preguntas:

1. ¿En qué local se van a celebrar las reuniones gastronómicas?

....

2. ¿Cuándo va a tener lugar este encuentro?

....

3. ¿Cómo va a terminar cada una de las reuniones?

....

4. ¿Van a venir cocineros galos?

....

1.3 El «maitre» de un pequeño restaurante tiene la costumbre de sugerir a sus comensales los platos de la carta, dirigiéndose a ellos de viva voz:

Preguntas:

1. ¿Qué plato de carne les recomienda?

....

2. ¿Qué les sugiere para los postres?

....

3. ¿Para quién recomienda las hamburguesas?

....

4. ¿Por qué quiere llevarse el abrigo de la señora?

....

2. Expresión a partir de láminas

Observe con atención la historieta. Cuando conteste a las cuestiones que le planteamos, hágalo de forma oral. Además escríbalo.

2.1 Primera lámina

Póngase en el lugar del caballero de la última viñeta. ¿Qué diría usted?

....

2.2 Segunda lámina

Póngase en el lugar de la madre de la última viñeta. ¿Qué le diría a la niña?

....

2.3 Tercera lámina

Póngase en el lugar de la persona que le ofrece el zumo al niño. ¿Qué le diría?

....

3.Exposición sobre un tema general

3.1 Sobre el siguiente tema, deberá hablar durante un tiempo no superior a cinco minutos. Le sugerimos que grabe su exposición, la escuche y trate de mejorar la expresión en una segunda grabación definitiva.

Tema: ¿CUÁLES SON SUS PLATOS PREFERIDOS?

Sugerencias:
Distinga entre primeros platos y segundos platos.
Postres.
Un plato especial que le prepararon un día.
Un plato que usted sabe preparar.

3.2 Sobre el siguiente tema deberá hablar durante un tiempo no superior a cinco minutos.

Tema: LOS PLATOS Y LAS BEBIDAS DE MI REGIÓN.

Sugerencias:
Cada región tiene sus platos típicos.
Qué comemos normalmente.
Qué comemos como plato extraordinario.
Los quesos.
Los postres.
Los dulces.

B. Comprensión y expresión escrita

1. Texto periodístico informativo con preguntas sobre su contenido

Lea con atención el siguiente artículo:

El restaurante Betelu

El restaurante Betelu se halla en la calle Francisco Llorente de Madrid, en un barrio que no se distingue precisamente por la abundancia de buenos restaurantes. Su comedor, pequeño pero acogedor, es regentado por un matrimonio que se esfuerza por atender a sus clientes con toda amabilidad. La carta está compuesta de una sabia mezcla de platos de cocina gallega y navarra, entre los que destacan los sabrosos pimientos rellenos de bacalao, la ensaladilla de salmón fresco, el besugo a la espalda, el cogote de merluza y las chuletas de cordero lechal.

Si decide comer en Betelu, no olvide pedir de postre leche frita o la tarta de manzana casera. No dude en aceptar el vino clarete de la Rioja navarra que le sugerirán para acompañar la comida.

Después de los postres le obsequiarán con una copita de aguardiente de hierbas, licor de manzana o pacharán, que le ayudarán a una buena digestión.

El precio está entre 2.000 y 2.500 pesetas. Si no ha reservado mesa con anterioridad, puede encontrarse con el comedor lleno.

Conteste a las siguientes preguntas:

1. ¿En qué lugar de Madrid está el restaurante Betelu?

....

2. ¿Qué plato de carne se recomienda?

....

3. ¿Cuál de los postres pediría usted?

....

4. ¿Qué tipo de bebida le van a recomendar?

....

5. ¿Cuánto puede costarle el cubierto?

....

2.Texto de anuncios y convocatorias con preguntas

A continuación va a leer una información extraída de la Guía CAMPSA 1990.

PANES (ASTURIAS)

Distancias: Oviedo, 138 Km. Madrid, 427 Km.
Altitud: 50 m. - Habitantes: 566. Tlf.: 985.
Oficina de Información: Mayor, s/n.

> **VISITAR**: Iglesia de **San Juan** y **Santa María**, románicas. **Palacio de los Mier**. **Abadía de Cimiano**.
> **ALREDEDORES**: Desfiladero de la HERMIDA: panorámicas. **Colegiata de Santa María de Lebeña**.

RESTAURANTES

CASA JULIÁN

(En NISERÍAS - PEÑAMELLERA ALTA). (C-6312). Ctra. Panes-Cangas de Onís. Tlf.:41 41 79. Con habitaciónes. Conjunto hotelero con restaurante, hotel y tienda, en este tranquilo paraje asturiano. Cocina sencila y sabrosos guisos caseros. Patatas rellenas, fabes con almejas, salmón del Cares, reo al horno, merluza de pincho, brazo de gitano y arroz con leche. 2.500 ptas.

COVADONGA

Plaza de la Iglesia. Tlf.:41 41 62. Sopa de mariscos, fabada asturiana, entrecot al cabrales, salmón del Cares, arroz con leche. 2.500 ptas.

LOS MONTAÑEROS

(En CARIÑENA DE CABRALES, a 27 Km.) Servando Ruiz Gómez, s/n. Tlf.: 84 52 11. Fabada, Habas con jabalí, menestra de verduras, chuletón al Cabrales, arroz con leche. 2.500 ptas.

Conteste a las siguientes preguntas:

1. ¿Cuál de los tres restaurantes es el más caro?

....

2. ¿Hay algún postre común en los tres restaurantes? Diga cuál.

....

3. ¿En qué lugar exacto está el restaurante «Covadonga»?

....

4. ¿En cuál de estos establecimientos puede además pasar la noche?

....

3. Artículo periodístico de opinión, con preguntas a las que deberá contestar VERDADERO/FALSO

Lea con atención el siguiente artículo:

Valor nutritivo del queso

El queso es, ciertamente, un producto alimenticio muy valioso. Procede de la leche coagulada y tiene en su composición proteínas de alta calidad, grasas, calcio y vitaminas liposolubles.

5 Pese a su alto valor nutritivo, se consume en bajas cantidades en España, tanto en relación con el consumo de leche (322 g./persona y día, mientras que el de queso es sólo de 15g./persona y día) como también al comparar con otras poblaciones euro-
10 peas. En Italia y Francia se consumen 33 y 39 g./ persona y día, respectivamente.

La razón de la diferencia de consumo puede estar en la tradición que existe en la Europa comunitaria de consumir el queso como postre, que en España
15 choca con la costumbre de tomar frutas, dado que son más abundantes en nuestro clima que en el centro de Europa. En efecto, la tradición de consumo de queso en España lo sitúa antes como objeto
20 de aperitivo, plato frío o recurso de bocadillo que como plato fuerte, en forma de tablas de queso o como postre, tan habituales en naciones como Francia.

BLANCO Y NEGRO, 26-VIII-1990

Lea las siguientes frases. Señale V (verdadero) o F (falso) en relación con el contenido del artículo. A continuación, busque la parte del texto en la que se ha basado para escribir V/F y escríbala en las líneas de puntos.

1. *El queso apenas tiene valor nutritivo.*

   V ☐ F ☐ ....

2. *En España se prefiere el queso como aperitivo.*

   V ☐ F ☐ ....

3. *El queso es rico en proteínas.*

   V ☐ F ☐ ....

4. *En el queso abundan los hidratos de carbono.*

   V ☐ F ☐ ....

5. *En España se consume más queso que en Francia e Italia.*

   V ☐ F ☐ ....

6. *Las tablas de queso son un plato habitual en España.*

   V ☐ F ☐ ....

7. *Los españoles suelen preferir de postre la fruta.*

   V ☐ F ☐ ....

4.Redacción de una carta a partir de instrucciones

En sus últimas vacaciones en el Levante español, sus amigos le invitaron a comer en su casa un plato denominado paella, del que le ha quedado un recuerdo imborrable.

Escriba una carta a estos amigos pidiéndoles la receta lo más detallada posible. La carta deberá contener al menos lo siguiente:

1. Encabezamiento y despedida.
2. Alusión al recuerdo de sus vacaciones.
3. Agradecimiento por la invitación.
4. Ofrézcales, si lo desean, enviar a cambio alguna receta típica de la cocina de su país.

C. Gramática y vocabulario
1. Texto incompleto con 10 huecos

El siguiente texto está incompleto. Deberá rellenar cada uno de los huecos con la palabra más apropiada.

Desde hace unos años se viene diciendo que los alimentos fritos son tóxicos y aumentan el nivel de colesterol en la sangre. Sin embargo, la cocina andaluza ha demostrado tradicionalmente que los pescados fritos no sólo no son tóxicos .... que además son muy digeribles. Como se suele freír con .... de oliva en la zona de Andalucía, hay que recordar que .... aceite impregna de grasa los alimentos en menor cantidad que .... grasas. Esto se pone de manifiesto en los populares envoltorios .... papel en los que se sirven pescaditos como los salmonetes y los chanquetes, ... no dejan nunca huella en el papel que .... envuelve.

Los pescados fritos en aceite de oliva quedan .... una capa protectora que les hace conservar su .... marino y sus propiedades. El complemento perfecto para un plato de pescadito frito es un buen .... de Jerez.

2. Ejercicios de selección múltiple. Gramática

En cada una de las siguientes frases, hay un hueco que deberá rellenar con una de las cuatro expresiones, eligiendo la que sea más correcta.

1. La tarta causó impresión. Los comensales .... con entusiasmo.
   a) la han recibido b) lo recibieron c) lo han recibido
   d) la recibieron

2. ¡Qué hermosa noche .... para cenar en la terraza!
   a) es b) hace c) hay d) existe

3. ¡Cuánto .... haber probado el pulpo a la gallega!
   a) me divierte el b) gusto c) me alegro de d) gusto de

4. Cuando .... la harina, déjelo reposar durante diez minutos.
   a) haya sido añadida b) hubo sido añadida c) se habrá añadido d) hubiera sido añadida

5. .... probar el cocido madrileño antes de irme.

  a) Debo de b) Tengo de c) Tengo que d) Tengo

6. Boquerones en vinagre. .... lo que más me gusta.

  a) Aquello es b) Eso es c) Ello es d) Esos es

7. Ya está la mesa preparada. ....

  a) Sentarse b) Se sienten c) Sentaos d) A sentarse

8. La cuenta .... lo más pronto posible, por favor.

  a) me lo traiga b) tráigamela c) traigala a mí d) traiga

9. El vino tinto se debe servir .... temperatura ambiente.

  a) a b) con c) de d) dentro de

10. ¿No .... mejor pedir pescado en la cena?

  a) era b) sería c) fuera d) sea

11. .... convenga reservar una mesa en el restaurante.

  a) A lo mejor b) Es probable c) Quizá d) Así pues

12. Tienes que ponerle .... azúcar al flan.

  a) más b) poco más c) un poco de más d) un poco más

13. ¿Es esta servilleta ....?

  a) de ti b) suya c) la de ti d) suya de usted

14. Pasen ustedes al bar. No esperen ustedes ....

  a) de pie b) a pie c) por pie d) sobre pie

15. Te advierto que no tengo .... gana de comer.

  a) alguna b) una c) la d) ninguna

16. ¿No .... para cenar otra vez huevos fritos con patatas?

  a) hubiste puesto b) habrás puesto c) hayas puesto
  d) hubieras puesto

17. Así vestido pareces un jefe .... cocina.

  a) para b) en c) de d) a

18. No .... la sopa, que está muy caliente.

  a) empezar b) empezaréis c) empecéis d) empezasteis

19. No invitéis .... a cenar, que es un glotón.

  a) ése b) a ése c) aquél d) a ésos

20. ¿ .... es este tenedor que estaba en el suelo?

  a) Cuyo b) Quién c) De quién d) De cuyo

3.Ejercicio de selección múltiple. Vocabulario

En cada una de las siguientes frases hay un hueco que deberá rellenar con una de las cuatro palabras, eligiendo la más apropiada.

1. El sabor picante no .... a todas las comidas.

   a) sienta   b) conviene   c) adapta

2. Para .... el pescado se necesita harina y huevos.

   a) envolver   b) rebozar   c) cubrir

3. Vamos a acompañar los espárragos con .... mayonesa.

   a) caldo   b) guarnición   c) salsa

4. En una ensaladera .... el atún desmenuzado.

   a) se vierte   b) se tira   c) se pone

5. La gelatina que .... se deja en sitio fresco.

   a) resta   b) permanece   c) queda

6. Hoy he traído merluza porque parecía muy ....

   a) fría   b) fresca   c) reciente

7. El arroz está ya ....

   a) en punto   b) puntual   c) en su punto

8. Hay que lavar las verduras para que queden .... limpias.

   a) bien   b) mucho   c) muchísimo

9. No le .... tanta sal al tomate.

   a) arrojes   b) eches   c) tires

10. En una sartén se .... la mantequilla.

    a) hace líquida   b) derrite   c) desintegra

4.Vocabulario. Equivalencia

Cada una de las siguientes frases va seguida de tres expresiones (A,B y C), con una de las cuales se puede construir un significado equivalente. Señale cuál de ellas es.

1. En una cacerola se pone el aceite <u>a calentar</u>.

   a) para que se caliente   *b) caliente*   *c) por calentar*

2. La única forma de adelgazar es <u>comer menos</u>.

   a) comer muy poco   *b) no comer*   *c) no comer demasiado*

3. La comida <u>principal</u> de los españoles suele ser la del mediodía.

   a) primera   *b) más importante*   *c) que importa*

4. Espero que <u>este menú</u> sea de su agrado.

   a) esta comida   *b) este alimento*   *c) este plato*

5. ¡Qué <u>ricos</u> están los calamares fritos!

   a) buenos   *b) óptimos*   *c) bellos*

6. De <u>primer plato</u> os voy a servir una sopa de marisco.

   a) principio   *b) primero*   *c) aperitivo*

7. Los tenedores indican <u>la categoría</u> de los restaurantes.

   a) el índice   *b) el grado*   *c) la clasificación*

8. El buen vino debe llevar su etiqueta de <u>origen</u> en la botella.

   a) procedencia   *b) nacimiento*   *c) nación*

9. En España se cena <u>alrededor de</u> las diez.

   a) casi a   *b) un poco más tarde de*   *c) sobre*

10. No nos traiga vino. Preferimos <u>agua mineral</u>.

   a) agua medicinal   *b) agua embotellada*   *c) agua en botella*

Anotaciones

....
....
....
....
....
....
....
....
....
....
....
....
....
....
....
....
....
....
....
....
....
....
....
....
....
....
....
....

Arte.

A. Comprensión y expresión oral

1. Textos orales

1.1 Escuche la siguiente información y a continuación conteste a las preguntas que le formulamos. Antes de empezar a escuchar la grabación, conviene que lea usted las preguntas.

Preguntas:

1. ¿Está permitido fotografiar los cuadros?

   Sí ☐ No ☐

2. ¿De qué pintores hay cuadros en la sala?

   ....

3. ¿Entre estas pinturas hay retratos? Diga cuáles.

   ....

1.2 Escuche la siguiente información y a continuación conteste a las preguntas que le formulamos. Antes de empezar a escuchar la grabación, conviene que lea usted las preguntas.

Preguntas:

1. ¿Dónde se ha celebrado esta exposición?

   ....

2. ¿Qué fotógrafos son mencionados en esta información?

   ....

3. ¿Cuál es el motivo de las fotografías de Ricardo Esteban?

   ....

1.3 Escuche el siguiente aviso y a continuación conteste a las preguntas que le formulamos. Antes de empezar a escuchar la grabación, conviene que lea usted las preguntas.

Preguntas:

1. ¿Qué es lo primero que va a visitar el tercer grupo?

   ....

2. ¿Por qué no pueden ir todos juntos?

   ....

3. ¿En qué ciudad se encuentran estos turistas?

   ....

5

2.Expresión a partir de láminas

Observe con atención la historieta. Cuando conteste a las cuestiones que le planteamos, hágalo de forma oral. Además escríbalo.

2.1 Primera lámina

Póngase en la situación de la mujer de la última viñeta. ¿Qué le estará diciendo a él?.

....

2.2 Segunda lámina

Póngase en la situación del escultor en la segunda viñeta. ¿Qué puede estar diciendo?
¿Qué dice en la tercera viñeta?

....

....

2.3 Tercera lámina

Póngase en la situación del pintor de la tercera viñeta. ¿Qué les dice a las personas que están mirando?

....

3. Exposición sobre un tema general

3.1 Sobre el siguiente tema, deberá hablar durante un tiempo no superior a cinco minutos. Le sugerimos que grabe su exposición, la escuche y trate de mejorar la expresión en una segunda grabación definitiva.

Tema: ¿CUÁL DE LAS BELLAS ARTES ES SU PREFERIDA?

Sugerencias:
Artes para contemplar.
Artes para ejercitar.
Las visitas a los museos.
Las exposiciones.
Los catálogos.

3.2 Sobre el siguiente tema deberá hablar durante un tiempo no superior a cinco minutos.

Tema: DESCRIBA UN CUADRO QUE CONOZCA.

Sugerencias:
Tema del cuadro.
En qué lugar lo ha visto.
Qué sabe del pintor.
Otras obras del mismo pintor.
Por qué le gusta.

B. Comprensión y expresión escrita

● ●

1. Texto periodístico informativo con preguntas sobre su contenido

Lea con atención el siguiente artículo:

Largas colas el primer día de la exposición 'Velázquez' en el Museo del Prado

Cerca de 7.500 personas visitaron ayer la muestra, que reúne 80 obras del pintor sevillano.

FIETTA JARQUE

Las colas de gente que deseaba visitar la exposición *Velázquez* , que ayer se abrió al público en el Museo del Prado, llegaron a prolongarse en la calle hasta la cuesta de Moyano, a unos 400 metros de la puerta de entrada. Dentro, la cola seguía por las escaleras y un largo pasillo. Al cierre del museo, a las siete de la tarde, habían visitado la muestra alrededor de 7.500 personas. La exposición, que reúne 80 de las 90 5 **obras que se conservan del pintor sevillano, estará abierta al público hasta el 30 de marzo, desde las nueve de la mañana hasta las siete de la tarde.**

El visitante resopló incrédulo, mientras movía la cabeza ante el 10 espectáculo que descubría. Alargó el cuello un poco más para ver el detalle de la pintura y repitió el gesto, que terminó esta vez con una sonrisa. *Retrato de* 15 *un hombre joven*, una de las obras de Velázquez que se exponen actualmente en el Museo del Prado y que procede del Museo de Múnich, fue una de las re- 20 compensas o de los hallazgos de este visitante que había pasado cerca de dos horas de espera para visitarla.

Fuera, las colas de gente llegaron 25 a medir, ayer, hasta 400 metros de longitud. Recorrían la fachada principal, el paseo a lo largo del jardín Botánico y llegaban hasta la cuesta de Moyano. Sin em- 30 bargo, según comentaron algunos resignados visitantes, la cola era ordenada y avanzaba rápidamente. Dentro, las salas no estaban abarrotadas, se podían ver 35 tranquilamente las pinturas y muchas personas, con el catálogo en la mano, se detenían casi ante cada cuadro.

Pero no todos tuvieron la misma 40 experiencia. La señora Madison, una turista inglesa, contemplaba sin prisas un cuadro de Botticelli en el pasillo, al lado del largo último tramo de la cola. «No, no 45 he venido al Prado a apreciar los fondos de este museo», se apresuró a explicar. «Yo también vine a la exposición de Velázquez, pero no he podido 50 entrar».

«Vine ayer porque los carteles decían que se inauguraba el 23, y me dijeron que vuelva al día siguiente. Vine temprano hoy, 55 pagué mi entrada, y, como no hablo español, nadie me supo explicar qué cola debía formar. Me metí en una durante una hora, al llegar me dijeron que 60 ésa no era. Luego fui a otra y al final me dijeron que me había equivocado. A la tercera renuncié y aquí estoy, viendo los otros cuadros», afirmó.

65 **Confusión**

Es fácil que los turistas extranjeros se sientan desorientados, porque las señales que indican el camino a la exposición son 70 muy bonitas, pero no muy explícitas. Un personaje de *La fragua de Vulcano*, el joven Apolo, indica con lánguido gesto de su dedo índice la direc- 75 ción a seguir. «Se ha querido

organizar todo tan bien, que es todo una confusión», comenta uno de los vigilantes del museo. «Pero eso es porque se 80 trata del primer día, luego ya todo irá mejor».

A la entrada de la exposición se han instalado unas mesas donde se venden catálogos y car- 85 teles de la exposición. Se ha hecho una edición de 15.000 ejemplares del catálogo, que se vende a un precio de 3.500 pesetas. Ayer, cuatro horas des- 90 pués de haber sido abierta al público la muestra, se habían vendido cerca de 3.000 ejemplares. Por el momento, el museo no ha editado ninguna otra 95 guía de la exposición, ni un folleto de mano. Como única ayuda se encuentran los habituales expositores con hojas explicativas generales sobre la 100 vida y principales obras del pintor sevillano pertenecientes a la colección del Prado.

El horario de visita es el habitual del museo, pero, si la 105 afluencia de público es excesiva, se ha considerado ampliarlo a mayor número de horas.

EL PAÍS, 25-I-1990

Conteste a las siguientes preguntas:

1. ¿Dónde se pueden adquirir catálogos y carteles de la exposición?

....

2. ¿Durante cuántas horas al día se puede visitar la exposición?

....

3. ¿Cuándo se clausurará la exposición?

....

4. ¿Dónde se celebra la exposición?

....

5. ¿Qué día asistieron menos de 7.500 personas?

....

6. Mencione en una frase algún problema que haya podido encontrarse un turista en la exposición.

....

7. ¿En qué caso está previsto que se amplíe el horario de visita?

....

● ●

2.Artículo periodístico de opinión, con preguntas a las que deberá contestar VERDADERO/FALSO

Lea con atención el siguiente artículo:

Un juego de espejos
(FRAGMENTO)

CARLOS SAURA

Los cuadros con espejos siempre me han fascinado. Desde siempre me he sentido atraído por aquellas pinturas en donde
5 además de ser ventana, espacio imaginativo o recreación de una realidad, aparece un espejo. Y así como el espejo de la realidad invierte la imagen y se desplaza
10 con nosotros, el espejo en el cuadro es un cuadro dentro del cuadro, un cuadro enmarcado ya, que señala con discreción aquello que el pintor desea acentuar
15 añadiéndole un misterio que emana del espejo.

Mi recuerdo de *Las meninas* -y de alguna manera mi descubrimiento de la pintura- está íntimamente unido a cómo estaba
20 puesto el cuadro en el antiguo Museo del Prado.

Para mí, *Las meninas* no es el cuadro brillante y luminoso que
25 hoy se contempla -hermosísimo, sin duda- sino ese otro cuadro austero, de sobrios colores, que se encontraba en su inmensidad enfrentado a un espejo -inmenso
30 también- que lo reflejaba. Esa

puesta en escena espectacular, teatral y extraordinaria supuso para mí el reencuentro con el tiempo en cada una de sus mis-
35 teriosas dimensiones. Allí, en ese instante, se generaba el presente, el pasado y el futuro. Allí estaba yo, reflejado en el espejo, como un presente invertido,
40 como invertido estaba delante de mí, detrás de mí, *Las meninas*, de Velázquez.

Si uno rotaba lentamente delante del espejo que reflejaba *Las*
45 *meninas*, terminaba por darse de sopetón con el cuadro original. Allí el cuadro desprovisto del aura mágica de los espejos, tenía otra entidad y otro interés,
50 me parecía como sin vida, como una gigantesca estampa que no participaba de la vida, de mi vida al menos.

Quienes, entonces, daban la es-
55 palda a *Las meninas* y se miraban en el espejo quedaban deslumbrados al verse integrados en tan extraordinario telón de fondo. A mí me impiden ver el
60 cuadro en su totalidad pero agachándome ligeramente, un po-

quito a la izquierda, consigo encontrar un hueco que me permite adentrarme en el mis-
65 terio: la puerta entreabierta por donde aquel señor de negro se recorta, a medio camino entre uno y otro escalón; el espejo-cuadro donde se refleja la rea-
70 leza bajo el rojo del cortinaje, pintado con la sabiduría de la pincelada rápida, exacta, lo que denota una autoridad, seguridad y displicencia que se des-
75 prende de todos los cuadros del Velázquez maduro.

Ese narcisismo inevitable de verse dentro del cuadro a través del espejo que lo refleja
80 queda muy velazqueño: a Velázquez le hubiera gustado que sus buenos amigos se integraran en su obra. Creo que debería haber un espejo frente
85 a cada cuadro valioso para duplicar su imagen y darnos así la posibilidad de que pudiéramos intervenir, aunque fuera fugazmente, de puntillas y con
90 pudor, en las obras que admiramos.

EL PAÍS, 23-I-1990

Lea las siguientes frases. Señale V (verdadero) o F (falso) en relación con el contenido del artículo. A continuación, busque la parte del texto en la que se ha basado para escribir V/F y escríbala en las líneas de puntos.

1. *Al autor del artículo los cuadros con espejos siempre le han fastidiado.*

   V ☐ F ☐ ....

2. *Antes el cuadro de Las meninas estaba colocado frente a un gran espejo.*

   V ☐ F ☐ ....

3. *Cada cuadro importante debería tener un espejo delante.*

   V ☐ F ☐ ....

4. *El personaje que aparece por una puerta a medio abrir va vestido de un color indefinido.*

   V ☐ F ☐ ....

5. *El autor del artículo prefiere el recuerdo de Las meninas como estaban colocadas antes.*

   V ☐ F ☐ ....

6. *La puesta en escena de Las meninas le transporta al autor del artículo solamente al pasado.*

   V ☐ F ☐ ....

• •

3.Texto de anuncios y convocatorias con preguntas

En la sección denominada AGENDA, el diario EL PAÍS publica las siguientes convocatorias. Léalas.

Centro cultural de la Villa.

Tlf.:275 60 80 / Plaza de Colón, s/n. / Metro Colón y Serrano / Director: Antonio Guirau.
- Venta anticipada con cinco días para todos los espectáculos. Horario de taquilla: de 11 a 13.30 y de 17 a 20 horas. Lunes, descanso.
- **Sala II**. Sábado, a las 19.30 horas, ciclo *Los Cuartetos de Beethoven*. Cuarteto Margand, de París. *Cuartetos Opus 18, número 1, en fa mayor; opus 59, número 1, en fa mayor y en la menor*. Butaca: 500 ptas.

20.00 horas.

- **Conferencia**. *Aquello que los Gobiernos ocultan sobre los OVNIS*. Colegio Mayor Chaminade. Paseo de Juan XXIII, 9. Ciudad Universitaria.
- **Teatro**. *Vade Retro*, por el Grupo Taormina. Centro Cívico Pozo del Tío Raimundo. Avenida de las Glorietas, 19.
- **Conferencia - concierto** de música cósmica. Centro cultural Neo-humanismo. Olmo,10.
- **Conferencia**. *El renaci-* miento de la religión, por Kamar Fazal. Junta Municipal de Moncloa. Plaza de la Moncloa, 1.
- **Conferencia**. El mensaje de la naturaleza, por Octavio Guerra. Hastinapura. Gran vía, 54.
- **Conferencia**. *La vida del toro en el campo colmenareño*. Dentro del IV Curso de Tauromaquia. Universidad Popular. Huerta del convento, 1. Colmenar Viejo.

Teatro español. Ayuntamiento de Madrid / Tlf.: 429 62 97 / Príncipe, 25 / Metro Sevilla / Director: Gustavo Pérez Puig.
- **El príncipe constante.** Compañía invitada Teatro de Hoy presenta *El príncipe constante*, de Pedro Calderón de la Barca; versión, José María Rodríguez Méndez y Alberto González Vergel; con Juan Carlos Naya, María Kosty, Andrés Resino, Toni Fuentes y la colaboración de Carlos Mendy. Escenografía y figurines: José Hernández. Música: Gustavo Ros. Coreografía: Jaime Montoya. Luminotecnia: José L. Rodríguez. Director: Alberto González Vergel. Martes, miércoles y jueves, a las 19 horas; viernes y sábado, a las 19 y 22.30 horas; domingo, a las 17 y a las 20 horas. Localidades a la venta con 5 días de anticipación. Horario de taquilla, de 11.30 a 13.30 y de 17.00 a 20.00 horas. Lunes, cerrado.

Conteste a las siguientes preguntas:

1. *¿Dónde debe usted ir si está interesado en escuchar música clásica?*

   ....

2. *¿A qué hora hay representación los jueves en el Teatro Español?*

   ....

3. *¿Cómo se titula la conferencia de Octavio Guerra?*

   ....

4. *¿En qué lugar se puede asistir a alguna otra representación teatral aparte de la del Teatro Español?*

   ....

5. *¿En qué horario puede sacar entradas para el Centro Cultural de la Villa?*

   ....

6. *¿En qué localidad tiene lugar una conferencia sobre tema taurino?*

   ....

• •
4.Redacción de una carta a partir de instrucciones

Ha recibido en herencia una escultura con la firma de Pablo Gargallo. Aunque siempre le han dicho que era auténtica, usted duda y, por ello, decide escribir a un especialista de Barcelona. La carta deberá contener al menos lo siguiente:

1. Encabezamiento y despedida.
2. Debe decir que adjunta una fotografía.
3. Aludir al material y al tamaño de la pieza.
4. Pedir al especialista que le envíe una factura por sus servicios.

C. Gramática y vocabulario

1.Texto incompleto con 10 huecos

El siguiente texto está incompleto. Deberá rellenar cada uno de los huecos con la palabra más apropiada.

LA ESCULTURA

La escultura es la más universal y antigua de las artes. Desde los orígenes de la Humanidad, el hombre ha esculpido sobre la piedra, ha tallado la madera o el marfil y ha buscado la forma a partir de los materiales que encontraba en su entorno. Al .... tuvo una finalidad religiosa y más tarde, estética.

.... primeros nombres de escultores que han llegado .... nosotros son los de la Grecia clásica, de los .... no quedan apenas obras originales. La escultura griega floreció entre los .... V y III a.C. Los romanos heredaron la tradición de la escultura griega .... sobresalieron en el retrato. Los temas de la escultura fueron casi exclusivamente religiosos en la .... Media. En España, desde el siglo XVII, las cofradías encargaron para las procesiones de la Semana Santa .... de Jesús y de la Virgen en madera policromada. La escultura del siglo XX busca nuevos .... como el acero, los plásticos y el metacrilato. El escultor actual hace lo .... que el escultor primitivo: utiliza los materiales que tiene a su alcance.

2.Ejercicios de selección múltiple. Gramática

En cada una de las siguientes frases, hay un hueco que deberá rellenar con una de las cuatro expresiones, eligiendo la que sea más correcta.

1. Vamos a ir a Córdoba para .... la Mezquita.
   a) que visitemos b) visitar c) el visitar de   d) la visita de
2. .... los frescos de Goya en la ermita de San Antonio de la Florida.
   a) Están para restaurar b) Están restaurando c) Son de restaurar   d) Acaban por restaurar

3. No podremos visitar .... cuevas de Altamira si no hemos pedido antes autorización.

   a) las b) unas c) esas d) ningunas

4. El teatro romano .... es el de Mérida.

   a) mayormente conservado b) más bien conservado c) mejor conservado d) el mejor conservado

5. No te olvides .... mañana visitaremos la Alhambra de Granada.

   a) que b) de que c) el que d) en que

6. ¿................................. a qué hora abren la basílica de San Juan de Baños?

   a) Ustedes sabéis b) Vosotros saben c) Usted sabes d) Ustedes saben

7. Nos dijeron .... a la torre para ver la ciudad.

   a) subir b) que subiéramos c) que subimos d) que hay de subir

8. Hoy ya hemos recorrido .... monumentos.

   a) bastante de b) suficientes de c) bastantes d) los bastantes

9. ¡La pintura abstracta no .... comprendo.

   a) lo   b) le   c) la   d) me la

10. En el Camino de Santiago abundan los monasterios .... iglesias medievales.

   a) e   b) y   c) así como d) además

11. ¿ .... podemos encontrar un buen guía?

   a) Adonde b) Adónde c) Dónde d) En dónde

12. Esta escultura de Pablo Serrano, ... la miro, más me gusta.

   a) contra más b) a medida que c) a más d) cuanto más

13. Este es el .... día de nuestra estancia en Sigüenza.

   a) doceavo b) doce c) duodécimo d) décimo y segundo

14. Nos hemos quedado .... en la sala de conciertos.

   a) sin entrar b) sin que entremos c) por entrar d) porque entremos

15. Ese edificio que ves .... es el Palacio Real.

   a) ahí b) ay c) hay d) de ahí

16. .... tengo tiempo, volveré otro día.

   a) De que no b) Porque no c) Ya que no d) Como no

17. ¿Has visto .... son estos tapices?

   a) cuanto modernos b) qué de modernos c) lo modernos que d) que modernos

18. Hay varios monumentos de interés en Olivenza, ... la portada de la Biblioteca.

   a) entre los que destaca b) destacando c) y se destaca d) al destacar

19. El Barrio Gótico de Barcelona ocupa la parte de la ciudad .... estaba dentro de las viejas murallas.

   a) la cual   b) que   c) donde   d) cuya

20. Es muy probable que el origen de Santa María la Nueva .... al siglo VII.

   a) se remonta   b) es de remontarse   c) es remontado   d) se remonte

3.Ejercicio de selección múltiple. Vocabulario

En cada una de las siguientes frases hay un hueco que deberá rellenar con una de las cuatro palabras, eligiendo la más apropiada.

1. La bóveda de la catedral de Plasencia tiene .... de estrella.

   a) silueta   b) forma   c) aspecto   d) contorno

2. Una puerta románica .... a la biblioteca.

   a) entra   b) abre   c) conduce   d) viene

3. Granadilla .... dentro de una muralla sin torres.

   a) yace   b) está ubicada   c) está colocada   d) está puesta

4. El Ayuntamiento de Tudela fue construido en el siglo XVIII .... la catedral.

   a) junto   b) orilla de   c) próximo   d) cerca de

5. A la izquierda del pórtico de San Pablo se abre un nicho de .... fondo

   a) grande   b) gordo   c) amplio   d) grueso

6. La iglesia del Monasterio de Uclés consta de .... de espaciosas proporciones.

   a) una nave   b) un corredor   c) un ámbito   d) un pasillo

7. Jorge Manuel Teotocópuli .... un pincel en su mano derecha.

   a) agarra   b) atrapa   c) sostiene   d) prende

8. En Tarragona no todo son playas. Hay también .... romanos.

   a) baldosines   b) azulejos   c) ladrillos   d) mosaicos

9. El Museo Picasso de Barcelona cuenta con un .... fondo de obras del pintor.

   a) riquísimo   b) acaudalado   c) grueso   d) abultado

10. *La Biblioteca del Escorial posee libros con .... de estilo flamenco.*

   a) menudencias   b) pequeñeces   c) miniaturas   d) tatuajes

4. Vocabulario. Equivalencia

Cada una de las siguientes frases va seguida de tres expresiones (A,B y C), con una de las cuales se puede construir un significado equivalente. Señale cuál de ellas es.

1. Las fuentes de La Granja constituyen <u>uno de los mayores</u> atractivos del Real Sitio.

   a) el mayor   b) uno de los más grandes   c) uno entre los muchos

2. La colegiata de San Patricio es la única iglesia <u>consagrada</u> a este santo irlandés.

   a) dedicada   b) puesta   c) propuesta

3. Sobre las puertas de algunas casas <u>nobiliarias</u> hay escudos.

   a) ennoblecidas   b) nobles   c) ricas

4. <u>La pintura al óleo</u> seca más despacio que la acuarela.

   a) El óleo   b) El aceite   c) La pintura al aceite

5. ¡Las imágenes góticas de la Virgen siempre <u>sonríen</u>.

   a) muestran una sonrisa.   b) se ríen.   c) ríen.

6. <u>Se precisa</u> especialista para restaurar una pintura.

   a) Se necesita   b) Es necesario   c) Falta

7. El balcón de esta fachada <u>parece</u> de estilo italiano.

   a) debe de ser   b) debe ser   c) es parecido

8. Intervinieron en la construcción <u>unos</u> 10.000 obreros.

   a) los   b) aproximadamente   c) más de

9. La copia de la Gioconda <u>tiene un marco de</u> caoba.

   a) está enmarcada en   b) tiene un marco en   c) marca en

10. Esta iglesia <u>data del</u> siglo XIII.

    a) tiene fecha del   b) fecha en el   c) es del

Anotaciones

Salud.

A. Comprensión y expresión oral

1. Textos orales

1.1 Escuche los siguientes avisos que se dan por la megafonía de un hospital y a continuación conteste a las preguntas que le formulamos. Antes de empezar a escuchar la grabación, conviene que lea usted las preguntas.

Preguntas:

1. ¿Adónde tiene que ir el doctor Gaytán?

....

2. ¿En qué zona del hospital se puede fumar?

....

3. ¿Qué recibirán a cambio las personas que den sangre?

....

1.2 En un noticiario radiofónico ha oído los siguientes consejos emitidos por un médico:

Marque sí o no:

1. Todas las verduras hay que tomarlas hervidas.
   Sí ☐   No ☐

2. Los helados caseros siempre ofrecen más garantías.
   Sí ☐   No ☐

3. Se puede beber agua de manantiales si está limpia.
   Sí ☐   No ☐

4. En caso de duda, es preferible consumir agua mineral.
   Sí ☐   No ☐

1.3 En una charla sobre los cuidados del bebé, el pediatra da los siguientes datos sobre dentición infantil:

Marque sí o no:

1. Los primeros dientes le salen al bebé a las veinte semanas justas.
   Sí ☐   No ☐

2. Las muelas salen después de los colmillos.
   Sí ☐   No ☐

3. Los dientes de leche se empiezan a perder a los
   5 años ☐
   6 años ☐
   7 años ☐

6

2. Expresión a partir de láminas

Observe con atención la historieta. Cuando conteste a las cuestiones que le planteamos, hágalo de forma oral. Además escríbalo.

2.1 Primera lámina

Póngase en el lugar de la madre de esta niña. ¿Qué puede decirle al dentista?

....

2.2 Segunda lámina

Póngase en el lugar del médico. Invente una frase que pueda decirle el médico al padre del niño.

....

....

2.3 Tercera lámina

 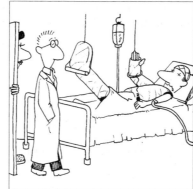 

¿Qué puede decirle la enfermera al paciente?

....

● ●

3.Exposición sobre un tema general

3.1 Sobre el siguiente tema, deberá hablar durante un tiempo no superior a cinco minutos. Le sugerimos que grabe su exposición, la escuche y trate de mejorar la expresión en una segunda grabación definitiva.

Tema: LOS TRASPLANTES DE ÓRGANOS.

Sugerencias:
La donación voluntaria.
¿Sería usted donante?
Para que haya trasplantes tiene que haber donantes.
¿Trasplantes de cualquier órgano?
El mercado de órganos. Trasplantes desinteresados.
Trasplantes de órganos de animales a humanos.

3.2 Sobre el siguiente tema deberá hablar durante un tiempo no superior a cinco minutos.

Tema: FUMAR, ¿SÍ o NO?

Sugerencias:
Los perjuicios que acarrea el consumo de tabaco.
Fumadores y no fumadores. Sus derechos.
Fumadores pasivos.
La venta de tabaco a los menores.
Lugares donde fumar está o debería estar prohibido.

B. Comprensión y expresión escrita

●●●
1. Texto periodístico informativo con preguntas sobre su contenido

Lea con atención el siguiente artículo:

SANIDAD

Gran eficacia de un nuevo fármaco para trasplantes

PITTSBURGH (EE.UU.).(Efe)- Un fármaco experimental llamado FK-506 ha resultado ser altamente positivo contra el rechazo de los órganos trasplantados a los seres humanos, informaron ayer científicos de la Universidad norteamericana de Pittsburgh (Pensilvania). El doctor Thomas Starzl, director del programa de trasplantes del mencionado centro de estudios, afirmó que el FK-506 tiene efectos superiores a la ciclosporina, un fármaco que produce hipertensión y reacciones negativas en el hígado.

Starzl ofreció detalles de las investigaciones durante el congreso internacional de la Sociedad de Trasplantes, en San Francisco. Asimismo, los expertos destacaron que en los trasplantes de corazón sólo el 20 por ciento de los pacientes que recibieron el FK-506 sufrieron rechazos de los órganos, en tanto que en los tratamientos con ciclosporina hay un 40 por ciento de rechazos.

Sólo el 18 por ciento de los pacientes tratados con la nueva droga experimentaron hipertensión, comparado con el 60 por ciento de los que reciben ciclosporina, señalaron los médicos. Además, Robert Corry, directivo de la Unión de Organos para Compartir, indicó que este medicamento «es muy efectivo para los trasplantes de hígado».

Los investigadores de la Universidad de Pittsburgh manifestaron que 42 pacientes jóvenes que participaron en el estudio, y a los que les fueron implantados diversos órganos, no necesitaron altas dosis de esteroides.

Según los médicos, el nuevo medicamenteo, que es derivado de un hongo que se cultiva en Japón, también ayuda a los pacientes jóvenes en los casos avanzados de rechazo de los órganos implantados. El fármaco FK-506 producido por «Fujisawa Pharmaceutical» de Osaka, Japón, ha recibido la autorización estadounidense para ser utilizado de forma experimental.

LA VANGUARDIA,27-VIII-1990

Conteste a las siguientes preguntas:

1. *¿Para qué es útil el FK-506?*

....

2. *¿Cuáles son los inconvenientes de la ciclosporina?*

....

3. *¿Dónde ha presentado el doctor Starzl su comunicación sobre el FK-506?*

....

4. *¿De dónde se obtiene el FK-506?*

....

5. *¿Para qué es especialmente eficaz el FK-506?*

....

2.Texto de anuncios y convocatorias con preguntas

A continuación va a leer el texto de una convocatoria:

INSALUD

34/90

BALEARES

HOSPITAL "SON DURETA"
DE PALMA DE MALLORCA

Programa de montaje de lavandería

PRESUPUESTO: 99.771.034 PTAS.

La consulta y entrega de la correspon-
diente documentación, así como la presentación de proposiciones, se efectuará
en los lugares y plazos que se indican en
el anuncio publicado en el *Boletín Oficial
del Estado* número 207, de 29 de agosto
de 1990.

**MINISTERIO DE SANIDAD Y CONSUMO
INSTITUTO NACIONAL DE LA SALUD**

Conteste a las siguientes preguntas:

1. *¿Qué ministerio realiza la presente convocatoria?*

   ....

2. *¿En qué fecha ha sido publicada la convocatoria oficial?*

   ....

3. *¿Para qué es esta convocatoria?*

   ....

4. *¿En qué lugar hay que presentar los documentos requeridos?*

   ....

3. Artículo periodístico de opinión, con preguntas a las que deberá contestar VERDADERO/FALSO

Lea con atención el siguiente artículo:

Abejas y avispas
(FRAGMENTO)

Síntomas

La picadura por avispa puede quedar establecida en tres grados: leve, moderado y grave. En las formas moderadas puede haber lipotimia en el momento de la picadura, enrojecimientos, placas de urticaria y picor generalizados. En las graves puede desarrollarse un cuadro de extrema urgencia que se denomina «shock» anafiláctico con espasmo de los bronquios. Asociadamente puede haber ansiedad, fiebre, debilidad muscular, sudoración profusa, dificultad respiratoria con edema de laringe y ronquera, náuseas, vómitos, diarrea, dolor de cabeza, vértigo, estado confusional, tensión baja y pulso rápido, etcétera. En los casos extremos y mortales se produce rápido «shock» anafiláctico con parada cardiorrespiratoria.

En la picadura de abeja los casos más graves suelen producirse más por picaduras múltiples que por fenómenos alérgicos. En los puntos de inoculación hay hinchazón, enrojecimiento y picor. Las manifestaciones generales vienen determinadas por alteraciones de la sangre (hemólisis), edema generalizado y graves lesiones del sistema nervioso central y del corazón.

En ocasiones pueden desarrollarse reacciones tardías, pasadas horas o incluso días tras la picadura o accidente. De la misma forma, pueden ser locales o generalizadas y a su vez de diferente intensidad o gravedad. Las alteraciones locales tardías pueden consistir en dolor con hinchazón y enrojecimiento persistentes. A veces puede haber urticaria y picor más o menos generalizado. Las reacciones tardías generales son semejantes en grado y en sintomatología a las descritas en los procesos alérgicos agudos. En general, si aparecen después de setenta y dos horas tras la picadura suelen ser de escasa consideración.

Tratamiento

Se debe extraer el aguijón de las abejas y lavar la herida poniendo compresas frías. Las formas generalizadas serán tratadas según su intensidad y a criterio del médico. En los casos leves o moderados se administrarán antihistamínicos, corticoides, pomadas locales y tratamiento sintomático. En las formas graves con «shock» anafiláctico y parada cardiorrespiratoria se prestará la ayuda urgente de reanimación cardiopulmonar hasta trasladar al enfermo a lugar adecuado de asistencia especializada.

Las personas alérgicas deben llevar consigo siempre un pequeño estuche con medicinas de urgencia, tipo adrenalina para inyección subcutánea o aquellas otras que el médico le recomiende. También deben ser tratados (desensibilizados) mediante extractos de himenópteros, produciendo una especie de vacunación.

**Doctor Eduardo Sanz
y doctor Delfín González**

BLANCO Y NEGRO, 26-VIII-1990

Lea las siguientes frases. Señale V (verdadero) o F (falso) en relación con el contenido del artículo. A continuación, busque la parte del texto en la que se ha basado para escribir V/F y escríbala en las líneas de puntos.

1. *La picadura de avispa nunca tiene importancia.*

   V ☐ F ☐ ....

2. *Una picadura de avispa puede causar la muerte.*

   V ☐ F ☐ ....

3. *La picadura de abeja suele producir cortes de digestión.*

   V ☐ F ☐ ....

4. *Los efectos de las picaduras de abeja pueden notarse varios días después de haberse producido aquéllas.*

   V ☐ F ☐ ....

5. *Cuando le pique una abeja no se le ocurra sacar el aguijón.*

V ☐ F ☐ ....

6. *Las personas alérgicas deben ponerse a diario una inyección por si les pica alguna abeja.*

V ☐ F ☐ ....

4.Redacción de una carta a partir de instrucciones

En la revista «Salud Perfecta» hay un consultorio abierto para los lectores. Escriba una carta realizando una breve consulta relacionada con la salud. La carta deberá contener al menos lo siguiente:

1. *Algunos datos personales del consultante.*
2. *Breve exposición del asunto que quiere consultar.*
3. *Pida que le contesten personalmente en vez de a través de la revista, para lo cual debe incluir un sobre franqueado con su dirección.*

C. Gramática y vocabulario

1. Texto incompleto con 10 huecos

El siguiente texto está incompleto. Deberá rellenar cada uno de los huecos con la palabra más apropiada.

Los medicamentos no deben tomarse nunca sin que los prescriba el médico. Tampoco deben tomarse sin tenerse en cuenta las dosis recomendadas. La dosis media es la .... produce un efecto determinado al 50% de las .... a las que se administra. Por lo cual, siempre se .... tener en cuenta que cada individuo necesita una .... distinta de medicamento, dependiendo de su edad, su peso y los .... factores relacionados con el funcionamiento de su organismo. .... dosis usuales para el adulto de 20 a 60 .... y con un peso aproximado de 70 kilos deben reducirse a .... de los 60 años en una cuarta parte. En los niños, la dosis debe ser .... a su peso corporal. También en la mujer la dosis debe .... en una cuarta parte porque su peso suele ser menor que el del varón.

2. Ejercicios de selección múltiple. Gramática

En cada una de las siguientes frases, hay un hueco que deberá rellenar con una de las cuatro expresiones, eligiendo la que sea más correcta.

1. ¡Ay, cómo .... los oídos!
   a) duelen mis   b) me duelen   c) duelen   d) me duelan

2. No voy a tener más remedio .... al médico.
   a) que ir   b) ir   c) de ir   d) a ir

3. Este plan de adelgazamiento me .... por el especialista.
   a) ha recomendado   b) es recomendado   c) ha estado recomendado   d) ha sido recomendado

4. No conviene que .... la herida.
   a) tocar   b) toquéis   c) tocas   d) tocaseis

5. La salud es .... importa.

   a) el que   b) lo que   c) que   d) lo cual

6. ¡ .... daño me ha hecho el dentista!

   a) El   b) Cuán   c) Cuánto de   d) Qué

7. Ya .... haber llamado al médico.

   a) deberías de   b) habías debido de   c) debías   d) habrías debido de

8. Ponle el termómetro, ... tiene fiebre.

   a) a ver si   b) si   c) en caso de que   d) a menos que

9. La familia está muy satisfecha de que ....

   a) ha mejorado.   b) haya mejorado.   c) había mejorado.   d) mejoró.

10. Hasta el próximo miércoles no .... el alta.

    a) la dan   b) dan a ella   c) le dan   d) la dan a ella

11. El cirujano ha dicho que .... en cama una semana más.

    a) le tenemos   b) le tendríamos   c) le tengamos   d) tenerle

12. A mi hijo .... la cabeza con bastante frecuencia.

    a) duele a menudo   b) suele doler   c) generalmente duele   d) suele dolerle

13. No sé .... debo dirigirme para consultar esto.

    a) quién   b) al quién   c) a quién   d) a el que

14. Parece que ya no le duele tanto, ¿.........................?

    a) es verdad   b) de verdad   c) no es verdad   d) no es de verdad

15. .... las seis cuando le llevaron al quirófano.

    a) Son   b) Fueron   c) Serían   d) Serán

16. La convalecencia ha sido muy buena. Ya no se resiente ....

    a) de nada   b) por nada   c) en nada   d) con nada

17. Como la madre estuvo enferma, el niño crece ....

    a) en raquítico.   b) de raquítico.   c) por raquítico.   d) raquítico.

18. .¿No sería .... que lo consultaras con tu ginecólogo?

    a) más bueno   b) más bien   c) más mejor   d) mejor

19. No se acostumbra .... tan fácilmente a las lentillas.

    a) uno   b) todos   c) alguno   d) ninguno

20. Estaría enfermo, ... tenía una cara radiante.

    a) a pesar de que   b) ni   c) acaso   d) pero

3. Ejercicio de selección múltiple. Vocabulario.

En cada una de las siguientes frases hay un hueco que deberá rellenar con una de las cuatro palabras, eligiendo la más apropiada.

1. El 42% de los tumores son ....

   a) malos   b) muy malos   c) malísimos   d) malignos

2. Cuando se sospecha que hay .... de la columna vertebral, no se debe mover al accidentado.

   a) fractura   b) rompedura   c) herida   d) fracción

3. Hay que tomar precauciones para no .... el sida.

   a) coger   b) tomar   c) contraer   d) pillar

4. La alimentación durante la .... es muy importante.

   a) lactancia   b) época de la leche   c) leche   d) láctea

5. La picadura de los insectos a veces hace que .... la piel.

   a) aumente   b) crezca   c) se infle   d) se inflame

6. Esta tarde le ha subido .... a cuarenta.

   a) el calor   b) la calentura   c) la fiebre   d) la calor

7. El dolor de .... se denomina tortícolis.

   a) pescuezo   b) cogote   c) collar   d) cuello

8. ¿Qué se debe hacer en caso de .... doméstico?

   a) incidente   b) acontecimiento   c) suceso   d) accidente

9. La aspirina es un remedio eficaz para cuando se ....

   a) tiene frío.   b) está frío.   c) es frígido.   d) está resfriado.

10. Hay que diagnosticar la enfermedad lo más .... posible.

    a) antes   b) precozmente   c) rápida   d) anteriormente

Diploma básico de E.L.E.

4.Vocabulario. Equivalencia

Cada una de las siguientes frases va seguida de tres expresiones (A,B y C), con una de las cuales se puede construir un significado equivalente. Señale cuál de ellas es.

1. <u>Nada como una buena crema</u> para cuidar su piel.

   a) Lo mejor es una buena crema   b) Nada buena es una crema   c) Cualquier crema es buena

2. Las amígdalas son <u>con frecuencia</u> la causa de afecciones del corazón.

   a) muchas veces   b) siempre   c) algunas veces

3. El consumo excesivo de grasas nos <u>hace engordar.</u>

   a) engrosa.   b) engorda.   c) hace gordos.

4. Hay que <u>tomar precauciones para</u> evitar que los niños se lleven a la boca cuanto encuentren.

   a) procurar   b) tener cuidado   c) impedir

5. Los colirios sirven para corregir algunos trastornos <u>de los ojos.</u>

   a) ojerosos.   b) ojales .   c) oculares.

6. <u>Tratándose</u> de un bebé prematuro, todas las precauciones son pocas.

   a) Cuando se trata   b) Cuando se dice   c) Cuando se refiere

7. <u>El ciclismo</u> exige un buen estado físico.

   a) El deporte cíclico   b) El motociclismo   c) La bicicleta

8. El adolescente <u>experimenta</u> cambios importantes en su anatomía.

   a) padece   b) sufre   c) duele

9. Mi abuela está llena de <u>achaques.</u>

   a) dolencias.   b) fiebres.   c) sarpullidos.

10. Hay que <u>quitarle</u> ya el chupete a este niño.

    a) arrebatarle   b) robarle   c) retirarle

Anotaciones

Transportes y Comunicaciones. Unidad 7

A. Comprensión y expresión oral

1. Textos orales

1.1 Escuche los siguientes avisos que se dan por la megafonía de una estación y a continuación conteste a las preguntas que le formulamos. Antes de empezar a escuchar la grabación, conviene que lea usted las preguntas.

Preguntas:

1. ¿De dónde viene el tren que va a Valladolid y León?

....

2. ¿En qué estaciones se va a detener dicho tren?

....

3. ¿A qué hora va a llegar el Talgo que viene de París?

....

4. ¿Para quién se ha preparado un tren especial?

....

1.2 En un noticiario local ha oído las siguientes informaciones:

Marque sí o no:

1. Va a haber mucho tráfico en el paseo de la Castellana a partir de las ocho de la tarde.
Sí ☐ No ☐

2. En la avenida de la Reina Victoria están arreglando las aceras.
Sí ☐ No ☐

3. El conductor del Seat Málaga vive en Gerona,
Sí ☐ No ☐

4. A Luis Salazar le envían un aviso para que se dirija a Huelva.
Sí ☐ No ☐

1.3 En un programa de radio escucha usted las siguientes sugerencias sobre algunos cruceros que puede realizar:

Preguntas:

1. ¿Con qué frecuencia sale el «Costa Marina»?

....

2. ¿Cuánto cuesta el crucero que dura una semana?

....

3. ¿Cómo se llama el barco que sale de Génova?

....

4. Si usted desea pisar tierra griega, ¿qué crucero de los dos debe realizar?

....

2. Expresión a partir de láminas

Observe con atención la historieta. Cuando conteste a las cuestiones que le planteamos, hágalo de forma oral. Además escríbalo.

2.1 Primera lámina

Póngase en el lugar del policía de la última viñeta. ¿Qué puede estar diciéndole al conductor?

....

2.2 Segunda lámina

Póngase en el lugar del niño. ¿Qué puede estar diciéndole al marinero?

....

2.3 Tercera lámina

Póngase en el lugar de este señor. ¿Qué le dice a la secretaria?

....

3. Exposición sobre un tema general

3.1 Sobre el siguiente tema, deberá hablar durante un tiempo no superior a cinco minutos. Le sugerimos que grabe su exposición, la escuche y trate de mejorar la expresión en una segunda grabación definitiva.

Tema: TRANSPORTE PÚBLICO O TRANSPORTE PRIVADO.

Sugerencias:
El transporte en las grandes ciudades.
El transporte interurbano.
¿Transporte público gratuito?
La calidad del transporte público.

3.2 Sobre el siguiente tema deberá hablar durante un tiempo no superior a cinco minutos.

Tema:
LA RADIO ES EL MEDIO DE COMUNICACIÓN DE MASAS MÁS DIRECTO.

Sugerencias:
La noticia en prensa, televisión y radio.
¿Para qué casos urgentes puede servir especialmente la radio?
Algún ejemplo concreto de empleo de la radio en un acontecimiento importante.
La radio se puede oír en cualquier parte.

B. Comprensión y expresión escrita

••

1. Texto periodístico informativo con preguntas sobre su contenido

Lea con atención el siguiente artículo:

Una tromba de agua aisla por tierra Madrid con el sur de España

EL PAÍS, Madrid

La fuerte tromba de agua que cayó ayer tarde en la zona sureste de la región cortó las comunicaciones terrestres entre la Comunidad de Madrid y el sur de España. La carretera nacional IV estuvo cerrada durante al menos tres horas, según la Dirección General de Tráfico (DGT), mientras que Renfe tuvo que suspender todos sus viajes entre la capital y las zonas sur y sureste de España. Aranjuez sufrió una fuerte riada debido al desbordamiento del Mar de Ontígola. Carabaña sigue desde la noche del sábado sin comunicaciones por tierra.

La carretera de Andalucía, donde hubo retenciones de más de 20 kilómetros, fue abierta de forma intermitente desde las diez de la noche, después de que los bomberos achicaran el agua acumulada en el punto kilométrico 48, según la DGT.

No obstante, la circulación fue lenta una vez abierta la vía debido al barro y los materiales acumulados.

Renfe no pudo hacer circular trenes entre Andalucía y Murcia debido a que dos de sus principales líneas pasan por Aranjuez, donde una riada recorrió las calles. Miles de pasajeros se vieron afectados por este corte.

EL PAÍS, 10-IX-1990

Conteste a las siguientes preguntas:

1. ¿Por qué quedaron cortadas las comunicaciones entre Madrid y el sur de España?

....

2. ¿Cuánto tiempo estuvo cortada la nacional IV?

....

3. ¿En qué lugar se acumuló especialmente el agua?

....

4. ¿A qué población afectó el desbordamiento del Mar de Ontígola?

....

5. ¿A qué organismo corresponden las siglas DGT?

....

6. ¿Por qué no pudieron circular trenes entre Andalucía y Murcia?

....

2.Texto de anuncios y convocatorias con preguntas

A continuación va a leer unos avisos sobre el tráfico en Madrid:

Carreras hípicas

Las carreras nocturnas que se celebrarán en el Hipódromo ocasionarán previsiblemente problemas de tráfico. Se recomienda que, si se tiene que utilizar la carretera de La Coruña, se acceda a ella a través de las salidas de Cristo Rey o Arco de la Victoria, y se evite hacerlo por la carretera de El Pardo y la de Castilla, donde se efectúan las obras.

Calles con obras. La plaza de Castilla, por la construcción de un túnel; el paseo de la Castellana, entre Cuzco y la plaza de Lima, tiene obras en el carril-bus; la avenida de Pablo Iglesias y el paseo de Rosales, por la realización de sendos aparcamientos para residentes; la carretera de Castilla, la de El Pardo y el puente de los Franceses. Continúan los problemas de tráfico ocasionados por las obras que se están llevando a cabo en la M-30 a la altura del puente de Vallecas.

Calles cortadas. El acceso a la M-30 por la calle de Embajadores.

EL PAÍS, 30-VIII-1990

Conteste a las siguientes preguntas:

1. *¿Adónde se puede salir por Cristo Rey?*

....

2. *¿Por qué es mejor no ir por la carretera de El Pardo?*

....

3. *¿Dónde están construyendo un túnel?*

....

4. *¿Qué obra se está realizando en el paseo de Rosales?*

....

5. *¿En qué avenida están construyendo un aparcamiento?*

....

6. *¿Por dónde no se puede llegar de ninguna manera a la M-30?*

....

3.Artículo periodístico de opinión, con preguntas a las que deberá contestar VERDADERO/FALSO

Lea con atención el siguiente artículo:

Lejanías

La política ferroviaria de cercanías en los grandes núcleos urbanos, y muy particularmente en Madrid y Barcelona, se ha
5 revelado, más allá de las buenas intenciones de sus planificadores y ejecutores, como un ejemplo flagrante de imprevisión y de falta de capacidad para eva-
10 luar las necesidades reales de los usuarios. El resultado es la prestación deficiente, llena de incertidumbre y cada vez más alejada de la demanda, de un servicio
15 público al que los insuperables problemas del tráfico han convertido en el medio de transporte casi único y más seguro de que disponen los centenares de mi-
20 les de ciudadanos que viven en los barrios extremos, en las ciudades-dormitorio y en el conglomerado de urbanizaciones que rodean los centros adminis-
25 trativos y comerciales de las grandes capitales.
Los graves sucesos que vienen ocurriendo en algunas líneas de la periferia de Madrid son la
30 reacción lógica y humanamente comprensible - por más que sus derivaciones violentas y destructivas sean absolutamente condenables- de quienes todos los días
35 se encuentran sometidos al cal-

vario de un servicio ferroviario deficiente y a la lucha desigual contra el reloj para tratar de llegar puntualmente a sus trabajos.
40 Y lo que es lamentable es que los responsables del Ministerio de Transportes hayan tenido que esperar a que la situación devenga en graves alteraciones
45 del orden público para intentar resolver las carencias más llamativas de este servicio: el incumplimiento de los horarios y la escasez de unidades en las
50 horas punta.
Dentro de las distintas parcelas de actuación de Renfe, la de cercanías es considerada como la de más futuro e, incluso econó-
55 micamente, más rentable que otras, dadas las posibilidades de aumento de una demanda estimulada por la cada vez mayor inviabilidad del transporte pri-
60 vado en el acceso por carretera a las grandes concentraciones urbanas. Cuando el monstruo del tráfico amenaza con asfixiar Madrid, Barcelona y otras gran-
65 des capitales, es absolutamente incomprensible que la red ferroviaria de penetración en sus núcleos urbanos siga revelándose asmática, insuficiente e ineficaz.
70 Esta situación pone al descu-

bierto, una vez más, los efectos parciales del saneamiento financiero como única política, porque conlleva de forma para-
75 lela el deterioro del servicio prestado. Es decir, lo mismo que ha sucedido en Telefónica en los últimos años, con el resultado de poner bajo mínimos la
80 calidad del servicio. Una política que, en el caso de Renfe, ha contribuido a que el fuerte crecimiento de la demanda experimentado últimamente en el ser-
85 vicio ferroviario de cercanías haya dejado viejas las previsiones para 1991. Ello constituye además un dato revelador de la preocupante descoordinación
90 con que las distintas administraciones- estatal, autonómica y local- abordan un problema que como el del tráfico en las grandes ciudades exige una apuesta
95 política planificada. Cuando uno de los ejes de esta política se basa en el transporte público asombra que la improvisación y las imprevisiones sean las armas
100 con las que se pretende convencer a los ciudadanos sobre las ventajas del tren frente al coche particular.

EL PAÍS, 21-I-1990

Lea las siguientes frases. Señale V (verdadero) o F (falso) en relación con el contenido del artículo. A continuación, busque la parte del texto en la que se ha basado para escribir V/F y escríbala en las líneas de puntos.

1. Los trenes de cercanías funcionan muy bien en Madrid y Barcelona.

   V □ F □ ....

2. Debido a los problemas de tráfico, los trenes de cercanías son casi el único medio para llegar al centro de la ciudad desde las ciudades-dormitorio y las urbanizaciones.

   V □ F □ ....

3. Los dos defectos más importantes de los trenes de cercanías son la impuntualidad y los pocos trenes que hay de servicio en las horas de mayor demanda.

   V □ F □ ....

4. El Ministerio de Transportes llevaba ya dos años empeñado en solucionar el problema.

V □ F □ ....

5. En Telefónica no ha ocurrido lo mismo que en Renfe, porque sus servicios funcionan perfectamente.

V □ F □ ....

6. El aumento en el número de viajeros ha superado las previsiones que Renfe había hecho para 1991.

V □ F □ ....

7. Resulta asombroso que pretendan convencernos de que es mejor utilizar el coche particular que el tren.

V □ F □ ....

4. Redacción de una carta a partir de instrucciones

Hace ya tres meses que solicitó a la Compañía Telefónica Nacional de España (CTNE) la instalación de una línea en su domicilio. Escriba una carta a dicha compañía recordándoles su petición. La carta deberá contener al menos lo siguiente:

1. Encabezamiento y despedida.
2. Fecha en que solicitó la línea.
3. Pregunte cuándo se la van a instalar.
4. Invente una causa por la que a usted le es urgente la instalación.

C. Gramática y vocabulario

● ●

1. Texto incompleto con 10 huecos

El siguiente texto está incompleto. Deberá rellenar cada uno de los huecos con
la palabra más apropiada.

¿Qué haríamos sin el teléfono? Si un día, sin previo aviso, nos cortaran la línea

telefónica a todos, nos parecería que vivíamos en otro mundo. Ya no ....

llamar a casa para decir que íbamos a llegar .... tarde, sino que tendríamos que ir

a decirlo .... mismos; con lo cual, ya no nos interesaría volver a salir,

.... entre tanto ir y venir se nos habría hecho .... para llegar

adonde íbamos. Tampoco podríamos felicitar a nuestros amigos .... navidad; así

que tendríamos que aprender de nuevo a .... cartas y felicitaciones, tarea

que ya tenemos casi olvidada a fuerza .... no hacerlo. Miles de mensajeros llenarían

las calles, llevando en .... vehículos a toda velocidad nuestros recados y avisos. Por

.... , no nos corten el teléfono, porque ya no sabemos vivir sin él.

● ●

2. Ejercicios de selección múltiple. Gramática

En cada una de las siguientes frases, hay un hueco que deberá rellenar con una
de las cuatro expresiones, eligiendo la más correcta.

1. Los controladores aéreos han amenazado .... ir a la huelga.
    a) con b) de c) por d) para

2. Los permisos de conducir .... a la norma europea.
    a) se ha adaptado b) se han adaptado c) ha sido adaptado d) han adaptado

3. Para hablar con Bilbao, ... usted el prefijo 94.
    a) marcas b) marcarse c) marque d) marca

4. Van a desviar toda la circulación .... de Ocaña.
    a) que procediera b) que hubiera procedido c) la cual proceda d) que proceda

5. Un crucero por el Mediterráneo es .... regalo que puedes hacerme,
    querido.
    a) mejor b) el más bueno c) el más buen d) el mejor

6. Este tren tiene parada en ....

    a) las estaciones todas. *b) todas las estaciones.* *c) las todas estaciones.* *d) todas estaciones.*

7. ¿ .... parece bien que le llame mañana?

    a) A usted *b) La* *c) Le* *d) A usted la*

8. Me preguntó si .... billete de ida y vuelta.

    a) llevaba *b) llevo* *c) llevara* *d) he llevado*

9. Viaja mucho: tan pronto está en Sevilla .... en Zaragoza.

    a) que *b) cuanto* *c) o* *d) como*

10. Al director le llegó la noticia de .... por telegrama.

    a) la su dimisión *b) la dimisión suya* *c) su dimisión* *d) dimisión suya*

11. ¿ .... sale el tren Talgo Madrid-París?

    a) Cuál es la hora que *b) Qué hora* *c) A cual hora* *d) A qué hora*

12. Pasado mañana .... desde Segovia a cobro revertido.

    a) me han de llamar *b) me habrán de llamar* *c) me van a llamar* *d) habrán de llamarme*

13. Retransmitirán .... satélite la final de la Copa del Mundo.

    a) con *b) a* *c) por* *d) desde*

14. Desde que se ha inventado el fax la comunicación por escrito .... más rápidamente.

    a) se hizo *b) se hacía* *c) se hará* *d) se hace*

15. No pudo enviar a tiempo la crónica a su periódico porque el télex .... estropeado.

    a) estuvo *b) estaba* *c) estuviera* *d) está*

16. ¿ .... tardará en llegarle el dinero si se lo envío por giro postal?

    a) Qué *b) De cuánto* *c) Cuánto* *d) A cuánto*

17. Los telegramas de felicitación que llegaron fueron ....

    a) más de millar *b) mil y más* *c) mucho más de mil* *d) más de mil*

18. .... cruzar el estrecho en trasbordador porque me mareo.

    a) Ni me se ocurre *b) Ni ocúrreseme* *c) Ni me ocurre* *d) Ni se me ocurre*

19. No nos vamos a mover de aquí .... el helicóptero.

    a) hasta que llega *b) hasta que llegara* *c) hasta que llegue* *d) hasta llegar*

20. .... en autocar y papá que vaya en el tren con el equipaje.

    a) Yo, tú y mamá vamos *b) Mamá, tú y yo vamos* *c) Mamá, tú y yo van* *d) Tú, yo y mamá vamos*

3.Ejercicio de selección múltiple. Vocabulario.

En cada una de las siguientes frases hay un hueco que deberá rellenar con una de las cuatro palabras, eligiendo la más apropiada.

1. El vuelo 605 .... un retraso de dos horas.

    a) padece   b) sufre   c) sale   d) soporta

2. En el kilómetro 206 de la carretera nacional IV hay un ....

    a) variable.   b) atajo.   c) variante.   d) desvío.

3. La policía de .... está para algo más que poner multas.

    a) tránsito   b) tráfico   c) autopista   d) carreras

4. Esta carta puede ir con .... de veinte pesetas.

    a) franquicia   b) una estampa   c) un sello   d) una marca

5. Enviar este telegrama le .... trescientas pesetas.

    a) costará   b) cobrará   c) costeará   d) hará pagar

6. Las carreteras han quedado .... a causa de la nieve.

    a) estorbadas   b) bloqueadas   c) tapadas   d) taponadas

7. El satélite no comienza a enviar .... hasta el domingo que viene.

    a) señas   b) señalización   c) signo   d) señal

8. Te estoy llamando desde .... de teléfono.

    a) una cabina   b) un gabinete   c) un cubículo   d) una caja

9. Durante los meses de verano, miles de trabajadores marroquíes .... la Península.

    a) traspasan   b) pasan   c) cruzan   d) transitan

10. Me .... una multa por exceso de velocidad.

    a) han dado   b) han puesto   c) han colocado   d) han metido

4.Vocabulario. Equivalencia

Cada una de las siguientes frases va seguida de tres expresiones (A,B y C), con una de las cuales se puede construir un significado equivalente. Señale cuál de ellas es.

1. Los controladores franceses son la raíz del problema del tráfico aéreo en media Europa.
   a) la causa principal   b) lo principal   c) la mayor parte

2. Se están construyendo nuevas vías de acceso a la ciudad de Valencia.
   a) sendas   b) carreteras   c) calles

3. Las autoridades marítimas están preocupadas por el aumento del tráfico de drogas.
   a) de marina   b) del mar   c) de la marítima

4. Rogamos a todo el pasaje que lean las instrucciones que encontrarán delante de su asiento.
   a) todos los viajantes   b) todos los viajeros   c) toda la tripulación

5. Me han perdido el equipaje. Al parecer, lo han enviado a Roma.
   a) el equipamiento   b) la valija   c) las maletas

6. A veces el billete sencillo cuesta lo mismo que el de ida y vuelta.
   a) individual   b) de ida   c) simple

7. ¿Cuánto falta para llegar a Manila?
   a) queda   b) resta   c) hay

8. Lo siento, señor. El telefonillo está averiado.
   a) destrozado.   b) inservible.   c) estropeado.

9. ¿A qué hora sale el primer tren para La Coruña?
   a) parte   b) discurre   c) va

10. Vamos a regresar por Lisboa.
    a) retroceder   b) volver   c) tornar

Anotaciones

88

Diploma básico de E.L.E.

Comportamiento social. Unidad **8**

A. Comprensión y expresión oral

1. Textos orales

1.1 Escuche los siguientes avisos que se dan por la megafonía de un centro educativo el primer día de clase y, a continuación, conteste a las preguntas que le formulamos. Antes de empezar a escuchar la grabación, conviene que lea usted las preguntas.

Preguntas:

1. ¿A qué hora se están dando estos avisos?

....

2. ¿De cuántos cursos hay alumnos en este colegio?

....

3. ¿Adónde deben ir los alumnos de segundo?

....

4. ¿Cómo puede entrar en el colegio un alumno que no ha llegado a tiempo ?

....

1.2 En un noticiario radiofónico ha oído la siguiente información:

Preguntas:

1. ¿Qué nombre reciben las bromas entre soldados en los cuarteles?

....

2. ¿Qué institución ha denunciado los hechos a los que se alude en la información?

....

3. ¿Ha habido algún herido por esta causa?

Sí ☐ No ☐

4. ¿Por qué no prohíbe el Ejército esta clase de bromas?

....

1.3 En un informe de televisión ha oído lo siguiente:

Preguntas:

1. ¿A qué años se refieren estos datos?

....

2. ¿Ha habido más divorcios que separaciones?

Sí ☐ No ☐

3. ¿Por qué prefieren los matrimonios separarse a divorciarse?

....

2.Expresión a partir de láminas

Observe con atención la historieta. Cuando conteste a las cuestiones que le planteamos, hágalo de forma oral. Además escríbalo.

2.1 Primera lámina

Póngase en el lugar de la señora. ¿Qué le diría al hombre que se ha saltado la cola?

....

2.2 Segunda lámina

Póngase en el lugar del pintor en la última viñeta. ¿Qué le dice a la señora?

....

2.3 Tercera lámina

Póngase en el lugar de la señora en la última viñeta.¿Qué le dice al conductor del otro automóvil?

....

3.Exposición sobre un tema general

3.1 Sobre el siguiente tema, deberá hablar durante un tiempo no superior a cinco minutos. Le sugerimos que grabe su exposición, la escuche y trate de mejorar la expresión en una segunda grabación definitiva.

Tema: LOS HORARIOS Y LAS COSTUMBRES EN TORNO A LA COMIDA EN MI PAÍS.

Sugerencias:

¿Cuántas comidas?
Horarios.
Alimentos más comunes.
Los postres.
La comida principal.

3.2 Sobre el siguiente tema deberá hablar durante un tiempo no superior a cinco minutos.

Tema: LAS COSTUMBRES FAMILIARES EN NAVIDAD.

Sugerencias:

Días festivos.
Vacaciones escolares.
Los regalos.
Las reuniones familiares.
Las tradiciones.

B. Comprensión y expresión escrita

• •

1. Texto periodístico informativo con preguntas sobre su contenido

Lea con atención el siguiente artículo:

Los varones españoles se sienten discriminados frente a las mujeres.

SANTIAGO REGO

Santander. La mayoría de los recursos de amparo que llegan al Tribunal Constitucional por discriminación sexual en el trabajo 5 son presentados por hombres, al contrario de lo ocurrido en los primeros años de funcionamiento de dicho tribunal, según reveló ayer Luis López Guerra, ma-10 gistrado del Constitucional.

Luis López Guerra dirige el seminario «Derechos fundamentales y recurso de amparo» en la Universidad Internacional 15 Menéndez Pelayo (U I M P), en Santander. Ante la sorpresa de los periodistas, señaló que, tras los recursos presentados por supuestas vulneraciones cometidas por los jueces - que son los 20 más frecuentes-figuran los relativos a la igualdad de derechos, y entre ellos los de discriminación sexual en el trabajo 25 en favor de las mujeres, principalmente en aspectos como los turnos y horarios nocturnos, permisos de maternidad, etcétera.

30 Oposición de los hombres

Según López Guerra, no hay datos estadísticos concretos, pero aseguró que los magistrados del Tribunal Constitucio-35 nal han visto con sorpresa en los últimos cinco años cómo crece la oposición de los hombres españoles a las medidas laborales tradicionales, que 40 protegen a la mujer en el trabajo.

López Guerra también se refirió al caso de la mujer de Mataró, que quiere que su futu-45 ro vástago sea una niña. Subrayó que, tarde o temprano, el Tribunal Constitucional tendrá que pronunciarse con respecto a tan polémica sentencia, así 50 como con respecto a la manipulación genética.

EL INDEPENDIENTE, 5-IX-1990

Conteste a las siguientes preguntas:

1. *¿Quiénes presentan más recursos de amparo por discriminación sexual: los hombres o las mujeres?*

....

2. *¿Cuál es la profesión del Sr. López Guerra?*

....

3. *Sobre otro asunto, distinto al de la discriminación sexual, hay también muchos recursos presentados en el Tribunal Constitucional. ¿De qué asunto se trata?*

....

4. *Cite usted un caso concreto de derecho de las mujeres en el trabajo que moleste a los hombres.*

....

5. *Al final del artículo se cita el caso de una mujer. ¿Qué desea esta mujer?*

....

2.Texto de anuncios y convocatorias con preguntas

A continuación va a leer el texto de una convocatoria:

> **Escuelas de otoño**
> Los días 12, 13 y 14 de octubre, el Seminario Permanente de Educación para la Paz de la Asociación Pro Derechos Humanos organiza un encuentro para: «reflexionar y debatir sobre el juego, los juguetes y las campañas navideñas»; presentar la carpeta *Aprende a vivir, aprende a jugar*, organizar y coordinar las diferentes campañas que a raíz de este encuentro y esta carpeta surjan. Preinscripciones: cheque nominativo de 1.000 pesetas a Asociación Pro Derechos Humanos, calle de José Ortega y Gasset, 77, 2º A, 28006 Madrid. Información en el teléfono (91) 402 23 12.

Conteste a las siguientes preguntas:

1. *¿En qué fechas se celebra esta actividad?*

....

2. *¿Cuál es el motivo fundamental en torno al cual giran las actividades que en la convocatoria se proponen?*

....

3. *¿Cómo se paga el importe de la inscripción?*

....

4. *¿Qué se debe hacer si se desea tener más información?*

....

3.Artículo periodístico de opinión, con preguntas a las que deberá contestar VERDADERO/FALSO

Lea con atención el siguiente artículo:

El tabaco es bueno para la amistad

(Fragmento)

Por ANTONIO BURGOS

Tantas campañas se hacen en contra del tabaco, que algunos debemos estar públicamente a favor, al menos para contrarrestar esa presión social que convierte al fumador virtualmente en un delincuente. Fuimos educados en el exquisito culto al tabaco, ceremonia social de la que también va a cumplirse en 1992 su Quinto Centenario particular sin que nadie lo pondere. Y por una cuestión de fidelidad a los principios que recibimos, somos algunos los que seguimos defendiendo el tabaco contra viento y marea, entre otras cosas por un criterio de libertad: cada cual puede irse matando de la forma que tenga más por conveniente, y somos muchos los que, por ejemplo, echamos en falta una auténtica presión social contra el alcohol, en este tiempo de jóvenes «litronas»* y de culto al güisqui. Cada vez que me subo a un avión pienso lo absurdo que es este mundo en que vivimos, que se mueve por modas, y donde la salud tampoco escapa a las modas. Se sube usted al avión y, si es fumador, recibe todas en el mismo lado. Ya he comentado en esta página que le condenan a viajar en los últimos asientos, eso si encuentra plaza libre de fumador, lo cual no siempre ocurre. Pero en cuanto el avión ha despegado, ese mismo sistema que por los altavoces le anuncia que no puede fumar si no se encuentra entre los ciudadanos apestados del fondo, y que tampoco puede hacerlo en los pasillos, ni en los lavabos; ese mismo sistema -decía-, al instante le ofrece toda suerte de bebidas alcohólicas, que trae la azafata en el carrito y que le son ofrecidas gratuitamente en determinados trayectos y en determinadas clases de tarifas.

Y mi pregunta es muy simple: ¿por qué no ponen en los aviones zonas de «no bebedores»? Si a usted, señora, le molesta tanto el olor del cigarrillo que me estoy tirando «a pecho», como decíamos de muchachos, también a mí me molesta el vaho a alcohol que echa ese lingotazo de coñac que se está usted metiendo para el chaleco. Quien haya padecido, como servidor ha sufrido, en un vuelo transatlántico desde

Nueva York las incomodidades de un grupo de estudiantes americanos que descubren la liber- 70 tad del alcohol para los menores de veintiún años, vomitona incluida, me dará toda la razón en pedir también las zonas de «no bebedores» en los aviones. Y se 75 planteará, como me planteo, lo absurdo de esta lucha social contra el tabaco, fuente de inspiración, compañía de los solitarios, alivio para los nervios y excusas 80 para trabar conversación.

BLANCO Y NEGRO, 20-V-1990

(*) Litronas: botellas de cerveza de un litro.

Lea las siguientes frases. Señale V (verdadero) o F (falso) en relación con el contenido del artículo. A continuación, busque la parte del texto en la que se ha basado para escribir V/F y escríbala en las líneas de puntos.

1. *El autor de este artículo está a favor de las campañas contra el tabaco.*

   V ☐ F ☐ ....

2. *En los aviones a los fumadores siempre se les reservan los mejores asientos.*

   V ☐ F ☐ ....

3. *El título del artículo afirma que fumar fomenta las buenas relaciones con las demás personas.*

   V ☐ F ☐ ....

4. *En los aviones hay también zonas reservadas para personas que no beben.*

   V ☐ F ☐ ....

5. *En el artículo se citan expresamente tres bebidas alcohólicas: cerveza, güisqui y coñac.*

   V ☐ F ☐ ....

6. *En América los menores de edad no pueden consumir bebidas alcohólicas.*

   V ☐ F ☐ ....

7. *El autor del artículo alude a un grupo de estudiantes sudamericanos.*

   V ☐ F ☐ ....

4. Redacción de una carta a partir de instrucciones

Usted va a venir a España para vivir en una familia durante cierto tiempo con el compromiso de cuidar a los niños.

Escriba una carta en la que deberá pedir algunas informaciones. La carta deberá contener al menos lo siguiente:

1. *Encabezamiento y despedida.*
2. *Horarios de las comidas.*
3. *Obligaciones.*
4. *Tiempo libre.*
5. *Quiénes componen la familia.*
6. *Dé algunos datos sobre su llegada.*

C. Gramática y vocabulario

1. Texto incompleto con 10 huecos

El siguiente texto está incompleto. Deberá rellenar cada uno de los huecos con la palabra más apropiada.

NORMAS PARA ECHARSE LA SIESTA.

La siesta es una de las aportaciones más importantes de España a la cultura universal. Aunque la vida moderna no facilita precisamente esta sana costumbre, los españoles se las arreglan, ... pueden, para seguir practicándola. No importa que sea sólo un .... de hora después de la comida, aletargados ante el televisor. .... suficientes quince minutos para levantarse con nuevos ánimos, dispuestos .... afrontar la segunda parte de la jornada. No hace falta .... desnudarse. Basta con aflojarse un poco el nudo de la .... o el cinturón, estirar hacia delante las dos .... y, a ser posible, colocar los pies en alto. La cabeza debe .... reclinada hacia atrás para facilitar que se .... ligeramente la boca. Esta postura no es precisamente la .... estética que podemos ofrecer los españoles; pero se debe tener en cuenta que la siesta es una ceremonia que se celebra en la intimidad.

2. Ejercicios de selección múltiple. Gramática

En cada una de las siguientes frases, hay un hueco que deberá rellenar con una de las cuatro expresiones, eligiendo la que sea más correcta.

1. Si acaso .... que no llego a tiempo, es que no voy a comer.

   a) vieras   b) veas   c) verás   d) veías

2. En esta casa se cena ....

   a) nueve y media   b) en las nueve y media   c) por las nueve y media   d) a las nueve y media

3. Está muy mal educado: .... termina de comer, eructa.

   a) en cuanto   b) a la vez que   c) como   d) al

4. La costumbre es dar la mano cuando te presentan ....

   a) alguien   b) a alguien   c) alguno   d) algunos

5. No olvides que debes limpiarte con la servilleta ....

   a) *antes que bebas*   b) *antes que bebieras*   c) *antes que beber*   d) *antes de beber*

6. .... ceder el asiento en los transportes públicos a los ancianos.

   a) *Se debe de*   b) *Debe de*   c) *Se debe*   d) *Deberse*

7. Los españoles tienen la costumbre de desayunar ....

   a) *pequeño*   b) *el poco*   c) *muy poco*   d) *en poco*

8. No .... tomar un aperitivo antes de la comida.

   a) *apetece a mí*   b) *a mí me apetece*   c) *me apetece*   d) *apetecerme*

9. En verano la gente sale mucho .... la noche.

   a) *en*   b) *con*   c) *a*   d) *por*

10. En este restaurante .... mesas reservadas para no fumadores.

    a) *son*   b) *están*   c) *han*   d) *hay*

11. ¿Es que aquí .... los pasos de peatones?

    a) *no respeta nadie*   b) *no respeta alguien*   c) *respeta nadie*   d) *nadie no respeta*

12. .... las doce campanadas el último día del año, hay que tomar
    doce uvas para tener buena suerte.
    a) *Sonando*   b) *Cuando suena*   c) *Cuando suenan*   d) *Cuando suene*

13. Cuando nace un niño, ... de primer apellido el del padre y de
    segundo el de la madre.
    a) *se le pone*   b) *se le ponga*   c) *se ponga*   d) *se pone*

14. Los nombres de persona llevan don .... doña delante.

    a) *y*   b) *e*   c) *o*   d) *también*

15. Si no se tiene .... con una persona, se debe utilizar el usted.

    a) *mucho de confianza*   b) *en mucha confianza*   c) *mucha confianza*   d) *confianza
    en mucho*

16. Si le invitan a comer, no olvide .... llevar algún obsequio.

    a) *que es costumbre*   b) *es costumbre*   c) *ser costumbre*   d) *se acostumbra*

17. «Buenos días» .... el saludo común por las mañanas.

    a) *son*   b) *esos son*   c) *eso es*   d) *es*

18. Hasta mañana, ... bien.

    a) *duermas*   b) *que duermas*   c) *duermes*   d) *dormir*

19. Las tiendas pequeñas .... cerradas de dos a cuatro y media.

    a) *suelen ser*   b) *acostumbran estar*   c) *suelen estar*   d) *acostumbran ser*

20. Mi marido y yo dormimos ....

    a) *separando camas.*   b) *con camas separadas.*   c) *en camas separadas.*   d) *sobre
    camas separadas.*

3.Ejercicio de selección múltiple. Vocabulario.

En cada una de las siguientes frases hay un hueco que deberá rellenar con una de las cuatro palabras, eligiendo la más apropiada.

1. ¿Qué horas son éstas de llegar ....?

   a) al domicilio   b) a la casa   c) a casa   d) al hogar

2. Le .... el marido a la mujer.

   a) inquirió   b) cuestionó   c) interrogó   d) preguntó

3. Te he dicho mil veces que no te metas en mi ....

   a) vivencia.   b) vida.   c) biografía.   d) vitalidad.

4. Es que nunca está la cena ....

   a) preparada.   b) confeccionada.   c) guisada.   d) cocinada.

5. Yo no puedo estar en dos .... a la vez.

   a) localidades   b) espacios   c) plazas   d) sitios

6. Tú siempre tienes .... para salirte con la tuya.

   a) un argumento   b) una discusión   c) una excusa   d) una culpa

7. Si no estás .... en esta casa, ya sabes dónde está la puerta.

   a) con gusto   b) a gusto   c) al gusto   d) gustoso

8. Bueno, mujer, no .... Yo hago la cena.

   a) disgustes.   b) te contradigas.   c) alteres.   d) te enfades.

9. No es eso. Es que todas las noches me .... igual.

   a) acoges   b) recoges   c) recibes   d) tomas

10. *¡Ay!, si no fuera porque te quiero ....*

    a) tanto.   b) todo.   c) cuanto.   d) tanto más.

4.Vocabulario. Equivalencia

Cada una de las siguientes frases va seguida de tres expresiones (A,B y C), con una de las cuales se puede construir un significado equivalente. Señale cuál de ellas es.

1. Se ha enamorado de una mujer <u>mucho más joven</u> que él.

    a) de bastante menos edad   *b) más pequeña*   *c) menos madura*

2. Se necesita secretaria de dirección <u>bilingüe</u>.

    a) con un par de lenguas   *b) bilingual*   *c) que hable dos idiomas*

3. <u>En esta década</u> ha vuelto a ponerse de moda el rock.

    a) En estos diez años   *b) Desde los diez años*   *c) De diez años en adelante*

4. Mi abuela sigue preparando unas natillas <u>exquisitas</u>.

    a) elegantes   *b) lujosas*   *c) estupendas*

5. Aquí solemos <u>tomar</u> el café muy concentrado.

    a) beber   *b) digerir*   *c) comer*

6. No se debe <u>dar la espalda</u> a la persona con la que estás hablando.

    a) volver la cara   *b) estar de cara*   *c) estar frente*

7. <u>Le gusta</u> pasar desapercibido en las reuniones.

    a) Le apetece   *b) Le conviene*   *c) Prefiere*

8. Este hombre siempre va <u>hecho un desastre</u>.

    a) con traje de sastre   *b) vestido con ropa deportiva*   *c) mal arreglado*

9. Mi hermana es muy <u>simpática</u> con todo el mundo.

    a) caritativa   *b) placentera*   *c) amable*

10. ¿Cuándo vas a ser un poco más <u>sensato</u>?

    a) sensible   *b) prudencial*   *c) prudente*

Ecología.

A. Comprensión y expresión oral
1. Textos orales

1.1 Escuche los siguientes avisos que se dan por la megafonía de un zoológico y, a continuación, conteste a las preguntas que le formulamos. Antes de empezar a escuchar la grabación, conviene que lea usted las preguntas.

Marque sí o no:

1. *¿Pueden los visitantes dar de comer a los animales?*

   Sí ☐ No ☐

2. *¿La entrada al delfinario es gratuita?*

   Sí ☐ No ☐

3. *¿Los leones comen al mediodía?*

   Sí ☐ No ☐

4. *¿La exhibición de papagayos está provisionalmente cerrada?*

   Sí ☐ No ☐

1.2 En un noticiario radiofónico ha oído la siguiente información:

Preguntas:

1. *¿Es lo mismo desertización que desertificación?*

   Sí ☐ No ☐

2. *¿Qué parte de España es la más afectada por la desertificación?*

   ....

3. *¿Qué se puede hacer para solucionar el problema de la desertización?*

   ....

4. *¿Por qué la inversión de 8.000 millones al año no es suficiente?*

   ....

1.3 En la guía radiofónica de una emisora de Barcelona ha escuchado usted la siguiente información:

Preguntas:

1. *¿Dónde puede contemplar la exposición «Natura misteriosa»?*

   ....

2. *¿De dónde proceden las especies exhibidas?*

   ....

3. *¿Cuál es el horario de visita durante el mes de noviembre?*

   ....

2.Expresión a partir de láminas

Observe con atención la historieta. Cuando conteste a las cuestiones que le planteamos, hágalo de forma oral. Además escríbalo.

2.1 Primera lámina

Póngase en el lugar de quien habla por teléfono. ¿Qué estará diciendo?

....

....

2.2 Segunda lámina

Póngase en el lugar del personaje que protesta. ¿Qué estará diciendo?

2.3 Tercera lámina

Póngase en el lugar del trabajador de la excavadora. ¿Qué les dirá a los manifestantes?

....

3.Exposición sobre un tema general

3.1 Sobre el siguiente tema, deberá hablar durante un tiempo no superior a cinco minutos. Le sugerimos que grabe su exposición, la escuche y trate de mejorar la expresión en una segunda grabación definitiva.

Tema: LA CONTAMINACIÓN EN LAS GRANDES CIUDADES.

Sugerencias:
   Las zonas industriales.
   El tráfico.
   Las calefacciones.
   Fórmulas para hacer que disminuya la contaminación.
   La contaminación acústica.

3.2 Sobre el siguiente tema deberá hablar durante un tiempo no superior a cinco minutos.

Tema: LA CONSERVACIÓN DE LA NATURALEZA ES RESPONSABI-LIDAD DE TODOS.

Sugerencias:
   La educación en la familia y en la escuela.
   Nuestro comportamiento puede afectar al medio ambiente.
   La responsabilidad de los gobiernos.
   La responsabilidad de las grandes industrias.
   A veces los intereses económicos prevalecen sobre los intereses ecológicos.

B. Comprensión y expresión escrita

1. Texto periodístico informativo con preguntas sobre su contenido

Lea con atención el siguiente artículo:

MAREA NEGRA

Greenpeace acusa al «Aragón» de provocar la mancha en Madeira

MADRID

El petrolero de bandera española «Aragón» podría ser el causante de la marea negra que afecta al archipiélago portugués de Madeira, según declaró ayer en Madrid la organización ecologista Greenpeace, informa Efe. Según los técnicos consultados por esta organización, los primeros análisis parecen confirmar las sospechas iniciales sobre el origen de la mancha, de siete kilómetros de extensión, que ha aparecido en las costas de Madeira.

Otras fuentes técnicas, ajenas a la citada organización ecologista, han manifestado también que, a pesar de lo raro del caso, «podría tratarse de un escape procedente del «Aragón», dadas las especiales características del crudo maya», petróleo mexicano que transportaba el buque siniestrado.

Durante estos días se ha especulado con la posibilidad de que la marea tuviera su origen en una avería de un tercer barco, o en los petroleros que surcan la zona.

Sin embargo, las dos hipótesis han quedado descartadas. El «Aragón» sufrió un accidente el pasado 29 de diciembre frente a la costa de Madeira en el que perdió alrededor de 25.000 toneladas de crudo.

EL MUNDO, 24-1-1990

Conteste a las siguientes preguntas:

1. ¿A qué área geográfica ha afectado el derrame de petróleo del «Aragón»?

....

2. ¿Qué dimensión tiene la mancha que ha aparecido en las costas de Madeira?

....

3. ¿De dónde procedía el petróleo que transportaba el «Aragón»?

....

4. Mencione otra hipótesis distinta para el vertido de petróleo en las proximidades de Madeira.

....

5. ¿Cuánto petróleo se vertió al mar?

....

6. ¿En qué mes del año ocurrió este accidente?

....

2.Texto de anuncios y convocatorias con preguntas

A continuación va a leer la convocatoria de un premio:

PREMIOS FORD PARA LA CONSERVACION DE LA NATURALEZA

Por primera vez en España, la Fundación para la Conservación de la Naturaleza y del Patrimonio Histórico-Artístico y la compañía Ford convocan los Premios Internacionales para la Conservación de la Naturaleza y el Patrimonio. Los ganadores de las diversas categorías recibirán un premio en metálico de 2.000 libras esterlinas, y el ganador absoluto un cheque por valor de 5.000 libras. Todos los interesados de cualquier nacionalidad que deseen participar en este concurso pueden dirigirse, para mayor información, a C.B. & A.; calle Núñez de Balboa 30, 5º B. 28001 Madrid. Tels. (91) 4354885 y 4354812. El plazo de presentación de los trabajos a estos Premios finalizará el próximo día 15 de noviembre.

Conteste a las siguientes preguntas:

1. ¿Qué empresa privada convoca este premio?

....

2. ¿Qué otra institución convoca el premio?

....

3. ¿Quién puede recibir 2.000 libras esterlinas de premio?

....

4. ¿En qué moneda recibirá el premio el ganador?

....

5. ¿En qué dirección puede usted pedir más información sobre estos premios?

....

6. ¿Cuándo acaba el plazo para poder participar?

....

3.Artículo periodístico de opinión, con preguntas a las que deberá contestar VERDADERO/FALSO

Lea con atención el siguiente artículo:

La España quemada

(Fragmento)

De las numerosas causas de desertización del suelo de España, la más directa, rápida, abundante y grave es la de los incendios forestales. La sospecha de que una gran parte está siendo ocasionada por manos deliberadas es firme, y se cree en la existencia de organizaciones criminales que dirigen, preparan y realizan estos actos en lugares determinados por su conveniencia. A España se le está yendo el suelo fértil por los cambios climatológicos desfavorables y todavía no previstos; por la industrialización, que no tiene normas suficientes de protección o no las cumple; por una polución humana que, al paso de la demografía y de la elevación de nivel de vida, se come la tierra; por el tornado de las vacaciones de acampada de los sin sensibilidad, que pisan, ensucian y queman. Y por este azote de los incendios de verano, que este año, como algunos anteriores, se ha cebado especialmente en Galicia, aprovechándose de sequías excepcionales en esa región, pero también de intereses y negocios diversos.

Autoridades gallegas han dicho que estos centenares de incendios que se producen cada mes se deben no sólo a manos directamente criminales, sino a organizaciones; a mafias, como término genérico. No las nombran. Pueden ser los interesados en recoger los restos de madera a precios insignificantes y con posibilidades de comercialización inmediata a precios altos; los que quieren que se cambien las plantaciones de árboles por otros utilizables con más rapidez; quienes desean unos terrenos limpios para construir urbanizaciones, industrias o viviendas, o por intereses menores de convertir en siembras zonas forestales.

La Guardia Civil ha detenido a casi 2.000 personas, y las ha tenido que soltar por razones diversas: o son tontos de pueblo o pirómanos de psiquiátrico, o, simplemente, no hay pruebas contra ellos. Puede ser que si las denuncias genéricas de las autoridades se hicieran más precisas, la investigación llegaría a encontrar a los verdaderos culpables y a evitar que continuasen con sus prácticas criminales.

La incultura con respecto al árbol es antigua en España. Hubo una viajera francesa del siglo XVII, la condesa D'Aulnoy, que escribió que en España una ardilla podría viajar desde los Pirineos al extremo sur sin bajarse nunca de las copas de los árboles. Aun aceptando la exageración literaria, hay datos suficientes para probar que la deforestación es acelerada en nuestro país, y que no se corresponde con la de otras zonas climatológicas semejantes o próximas en Europa, aunque el fenómeno de la desertización sea general en la Tierra. Aquí se achaca especialmente a la sequía; pero también se puede culpar a la disminución constante de la masa forestal el que haya menos lluvias. Ninguna política hidráulica ha sido tan amplia y tan eficaz a lo largo de los tiempos como para paliar estos efectos en la flora. Y por consiguiente, en la fauna, que ecológicamente corresponde a los territorios hoy devastados y que está desapareciendo simultáneamente.

Los incendios multiplican las causas naturales no atajadas y las artificiales, que son crecientes y que se están permitiendo, aunque sólo sea *por falta de pruebas*, y las medidas para cortarlos tampoco son suficientes, aun con la participación de aviones y helicópteros, de pueblos enteros, de fuerzas de orden público y de la colaboración del ejército. Habrá que aumentar la escalada de la represión de culpables, y al mismo tiempo, la de prevención y lucha; los plazos de la gran desertización van aumentando, y un poco más tarde ya no habrá remedio para la pobreza.

EL PAÍS, 27-VIII-1990

Lea las siguientes frases. Señale V (verdadero) o F (falso) en relación con el contenido del artículo. A continuación, busque la parte del texto en la que se ha basado para escribir V/F y escríbala en las líneas de puntos.

1. Se cree que la mayoría de los incendios forestales son provocados.

V ☐ F ☐ ....

2. A pesar de los cambios climatológicos y de la industrialización, España no ha perdido suelo fértil.

V ☐ F ☐ ....

3. *La madera procedente de los incendios no tiene ningún valor.*

   V ☐ F ☐ ....

4. *La Guardia Civil ha detenido a muchas personas relacionadas con los incendios.*

   V ☐ F ☐ ....

5. *Según una escritora del siglo XVII, toda España, de norte a sur, estaba cubierta de árboles.*

   V ☐ F ☐ ....

6. *España es el único país del mundo que está afectado por la desertización.*

   V ☐ F ☐ ....

7. *Una causa de que haya menos lluvia es que cada vez hay menos árboles.*

   V ☐ F ☐ ....

4.Redacción de una carta a partir de instrucciones

Escriba una carta al alcalde de su pueblo o de su ciudad protestando por el alto nivel de ruidos de su barrio. La carta deberá contener al menos lo siguiente:

1. *Encabezamiento y despedida.*
2. *Señale cuál es su barrio.*
3. *Especifique la procedencia de los ruidos.*
4. *Apunte posibles soluciones.*
5. *No es la primera vez que se queja usted.*

C. Gramática y vocabulario

1. Texto incompleto con 10 huecos

El siguiente texto está incompleto. Deberá rellenar cada uno de los huecos con la palabra más apropiada.

Para 1993 todos los automóviles del ámbito de la Comunidad Económica Europea deberán utilizar un catalizador para eliminar el plomo de las gasolinas. El plomo es un componente .... se utiliza para aumentar la potencia y para mejorar las prestaciones .... motor; pero el plomo es también un metal que contamina .... el aire sino también los ríos y como consecuencia, más tarde, el agua del ....

La gasolina sin plomo o gasolina verde cada vez .... mayor demanda. Mientras que en España son muy .... las gasolineras en las que se expende, en otros países como Francia .... Italia, cada vez es mayor la respuesta a esta demanda. .... caso que puede servir de ejemplo a España es el del .... Unido, país que hace sólo dos años se encontraba en la .... situación que nuestro país. Pero si se quiere que el empleo de gasolinas menos contaminantes se extienda, habrá que mantenerlas en unos precios más bajos.

2. Ejercicios de selección múltiple. Gramática

En cada una de las siguientes frases, hay un hueco que deberá rellenar con una de las cuatro expresiones, eligiendo la que sea más correcta.

1. ¿ .... es la causa de la mayoría de los incendios?
   a) Qué   b) Quién   c) Cuál   d) De qué

2. Se ha comprobado que el plomo .... un metal nocivo.
   a) sea   b) es   c) era   d) ha sido

3. El plan de conservación del Mediterráneo .... en el plazo más breve posible.
   a) ha de desarrollarse   b) ha de desarrollar   c) ha desarrollado   d) se desarrollase

4. La mancha de petróleo impedía faenar .... los pesqueros.
   a) hasta   b) incluso   c) a   d) hacia

5. Los plásticos han degradado el paisaje .... las ciudades.
   a) torno a   b) en derredor de   c) en torno a   d) alrededor

6. Los vertidos industriales dejan .... indefensos frente a las infecciones.

   a) los delfines   b) a delfines   c) a los delfines   d) delfines

7. Las prácticas de tiro están .... prohibidas durante los meses de julio y agosto.

   a) totalmente   b) todo   c) en total   d) total

8. .... se sabe es que los delfines tienen su sistema inmunológico afectado.

   a) Lo único que   b) Único   c) Único que   d) Los únicos que

9. El parque de Doñana .... en las marismas del Guadalquivir.

   a) es   b) es situado   c) está situado   d) se sitúa

10. Los síntomas indicaban .... de una epidemia en toda regla.

    a) se trataba   b) que se trataba   c) tratar   d) tratarse

11. ¿ .... importa el bosque?

    a) A qué   b) A quién   c) Quién le   d) A quién le

12. La forma de evitar .... es tenerlos limpios.

    a) que ardan los bosques   b) arder los bosques   c) que arden los bosques
    d) ardiendo los bosques

13. La cigüeña está encontrando dificultades .... en los lugares tradicionales.

    a) por anidar   b) a anidar   c) para anidar   d) en anidar

14. .... el agujero en la capa de ozono, de seguir agrandándose, puede acabar con la vida en la tierra.

    a) Es dicho que   b) Es dicho   c) Se dice   d) Se dice que

15. Los daños .... sobre la masa forestal son irreparables.

    a) los cuales la lluvia ácida causa   b) los que causa la lluvia ácida   c) que causa la
    lluvia ácida   d) los que la lluvia ácida causa

16. .... los venenos para matar animales salvajes.

    a) Se prohibe   b) Está prohibido   c) Están prohibidos   d) Es prohibido

17. .... la entrada de vehículos en La Pedriza para que no se deteriore el medio natural.

    a) Ha habido que limitar   b) Ha habido de limitar   c) Ha tenido limitado   d) Ha
    habido para limitar

18. La contaminación acústica no sólo influye en el estado físico de las personas

    .... en su estado psicológico.

    a) pero   b) además   c) pero además   d) sino también

19. ¿Por qué .... las hojas a los árboles este año tan pronto?

    a) se le caen   b) se las caen   c) se les cae   d) se les caen

20. Los olmos están desapareciendo del paisaje en .... Europa.

    a) casi toda   b) casi todo   c) casi el todo de   d) casi la totalidad

3.Ejercicio de selección múltiple. Vocabulario.

En cada una de las siguientes frases hay un hueco que deberá rellenar con una de las cuatro palabras, eligiendo la más apropiada.

1. El urogallo es una de nuestras especies más ....

    a) irritadas. b) amenazadas. c) acuciadas. d) agobiadas.

2. .... de las aguas fue la causa de la muerte de miles de animales.

    a) El creciente   b) El crecimiento c) El acrecentamiento   d) La crecida

3. ¿Por qué .... nuestros bosques?

    a) tallan   b) acortan   c) recortan   d) talan

4. El buitre leonado es .... en peligro de extinción.

    a) un género b) una clase c) una especia d) una especie

5. Las hormigas .... mensajes por medio de olores.

    a) radian b) echan c) remiten d) transmiten

6. Al salir de la curva, aparecieron las majestuosas .... de Gredos.

    a) cumbres b) picos c) sierra d) valles

7. Las plagas son .... más resistentes a los pesticidas.

    a) por veces   b) de vez en cuando   c) cada vez   d) a veces

8. Grandes .... del sur de Europa se están desertizando.

    a) fragmentos b) trozos   c) pedazos   d) zonas

9. .... de jóvenes se ha encargado de limpiar los alrededores de la laguna de Peñalara.
    a) Una banda   b) Un enjambre   c) Un grupo   d) Un agrupamiento

10. Las migraciones son para las aves el mejor seguro de ....

    a) vivencia.   b) vida.   c) supervivencia.   d) convivencia.

Diploma básico de E.L.E.

4.Vocabulario. Equivalencia

Cada una de las siguientes frases va seguida de tres expresiones (A,B y C), con una de las cuales se puede construir un significado equivalente. Señale cuál de ellas es.

1. La comadreja es el más pequeño de nuestros carnívoros.

    a) el menor   b) el inferior   c) el mínimo

2. Muchos árboles presentan unas bolitas con apariencia de frutos: son las agallas.

    a) semejantes a   b) que parecen   c) similares

3. Los furtivos conocen perfectamente las costumbres de los animales.

    a) muy bien   b) buenamente   c) por excelencia

4. El suelo está muy erosionado por causa de los incendios.

    a) de las hogueras.   b) de los rescoldos.   c) del fuego.

5. Es probable que todos los delfines listados del Mediterráneo actualmente estén contaminados.

    a) hoy en día   b) en el acto   c) habitualmente

6. La concha de peregrino además de su sorprendente memoria, posee un sentido interno del tiempo.

    a) a pesar de   b) aparte de   c) a la vez que

7. Aquí habita una tribu cuyos antepasados eran cazadores de cabezas.

    a) vive   b) reside   c) se aloja

8. La conservación del medio ambiente es una aspiración de todos.

    a) totalitaria.   b) universal.   c) total.

9. Muy poco se sabe sobre la vida en las zonas abisales del océano.

    a) Escaso   b) Casi nada   c) Nada

10. Hay especies que han sufrido grandes mutaciones en el transcurso de los últimos mil años.

    a) transformaciones   b) modificaciones   c) mudanzas

Anotaciones

....
....
....
....
....
....
....
....
....
....
....
....
....
....
....
....
....
....
....
....
....
....
....
....
....
....
....
....
....
....

Deportes y espectáculos. Unidad 10

A. Comprensión y expresión oral
1. Textos orales

1.1 Escuche las siguientes informaciones y a continuación conteste a las preguntas que le formulamos. Antes de empezar a escuchar la grabación, conviene que lea usted las preguntas.

Preguntas:

1. ¿Qué deportes ha anunciado el locutor para los próximos días? Señale solamente fecha y deporte.

....

2. ¿Cuáles de estos acontecimientos deportivos podrán verse por TV?

....

3. ¿Cuáles son los días de la semana para los que no se ha anunciado ningún acontecimiento deportivo?

....

1.2 Escuche la siguiente información y a continuación conteste a las preguntas que le formulamos. Antes de empezar a escuchar la grabación, conviene que lea usted las preguntas.

Preguntas:

1. ¿En qué hipódromo ha ganado el caballo Carbonado?

....

2. ¿Cuál es la distancia que ha recorrido en su carrera?

....

3. ¿Cómo estaba la pista?

....

1.3 Escuche el siguiente aviso y a continuación conteste a las preguntas que le formulamos. Antes de empezar a escuchar la grabación conviene que lea usted las preguntas.

Preguntas:

1. ¿Qué ha sido suspendido?

....

2. ¿Cuándo se pueden devolver las entradas?

....

3. ¿Por qué se ha suspendido el acto?

....

2.Expresión a partir de láminas

Observe con atención la historieta. Cuando conteste a las cuestiones que le planteamos, hágalo de forma oral. Además escríbalo.

2.1 Primera lámina

Póngase en la situación del jinete nº 7 y exprese su reacción.

....

....

¿Cuál es el comentario que haría en la viñeta tercera uno de los espectadores que apostó por el nº 7?

....

¿Y en la cuarta viñeta?

....

2.2 Segunda lámina

Exprese lo que puede estar pensando la mujer en cada una de las tres viñetas. Después, escríbalo en los globos correspondientes.

2.3 Tercera lámina

Póngase en la situación del mago en la viñeta 3º. ¿Qué estará diciendo?

....

....

¿Y en la viñeta 4º?

....

....

¿Qué podría estar diciendo el conejo desde el trapecio?

....

....

3. Exposición sobre un tema general

3.1 Sobre el siguiente tema, deberá hablar durante un tiempo no superior a cinco minutos. Le sugerimos que grabe su exposición, la escuche y trate de mejorar la expresión en una segunda grabación definitiva.

Tema: LA VIOLENCIA EN EL DEPORTE.

Sugerencias:
Los deportes de masas generan más violencia.
El deporte le sirve a mucha gente como escape de sus frustraciones.
Los deportes en los que hay choque entre los participantes (fútbol, rugby, baloncesto) frente a otros en los que no hay choque (tenis, voleibol, atletismo)
La competencia entre ciudades, regiones o naciones se refleja en el deporte.

3.2 Sobre el siguiente tema deberá hablar durante un tiempo no superior a 5 minutos.

Tema: UNA PELÍCULA QUE HE VISTO HACE POCO.

Sugerencias:
Resuma en qué circunstancias la vio (día y hora, vídeo o sala de cine, etc.)
La interpretación de los actores.
Resumen del argumento.
Puede relacionar el tema con el de otras películas.

B. Comprensión y expresión escrita

1. Texto periodístico informativo con preguntas sobre su contenido

Lea con atención el siguiente artículo:

Se apagaron los bellos ojos tristes de Silvana Mangano

Un cáncer acabó ayer con la vida de la gran actriz italiana

Madrid.
Silvana Mangano -la actriz inolvidable de «Arroz amargo», «Muerte en Venecia», «Teorema» y «Ojos negros»- fallecía ayer de madrugada en la clínica madrileña de La Luz. Un cáncer la había ido matando lentamente. El 4 de diciembre había sido operada y, pocos días después, entraba en un coma profundo del que ya no ha despertado.

Sus últimos días fueron de una infinita soledad, tras separarse de Dino de Laurentis y perder a su hijo en accidente aéreo. Desde 1986 vivía en Madrid, donde reside su hija menor, Francesca, casada con José Antonio Escrivá, hijo del actor y realizador español Vicente Escrivá.

Nacida en Roma el 21 de abril de 1930, Silvana Mangano fue descubierta para el cine por Giusseppe de Santis, periodista, crítico cinematográfico, ayudante de Visconti y guionista, realizador de «Caccia Trágica» (1947), que la incluyó en su película «Arroz amargo». Aquella película la consagraría como la mujer símbolo del neorrealismo italiano, junto a Ana Magnani.

La actriz contrajo matrimonio con el productor Dino de Laurentis en 1949. Tuvo tres hijas y un hijo, Federico, que desapareció en 1981, a los 26 años, en un accidente aéreo en Alaska. El matrimonio se separó en 1983.

La consagración de Silvana Mangano como gran actriz llegó de la mano de directores geniales: Lucino Visconti y Pier Paolo Pasolini. Con el primero hizo «Muerte en Venecia» (1970), «Luis II de Baviera» (1972) y «Retrato de familia en un interior» (titulada en castellano «Confidencias») (1974). Con Pasolini actuó en «Edipo Rey» (1976), «Teorema» (1968) y «El Decamerón» (1971). Su último gran papel lo hizo, junto a Marcello Mastroiani, en «Ojos negros», dirigida por el sovietico Mijalkov. Su mirada penetrante, altiva y desencantada sigue inquietando nuestra memoria.

Adaptación de la crónica de J.Bermejo en EL INDEPENDIENTE, 17-XII-1989

Conteste a las siguientes preguntas:

1. ¿Con quién estuvo casada la actriz Silvana Mangano?

2. ¿Cómo y cuándo perdió a su hijo?

3. ¿Donde falleció Silvana Mangano?

4. ¿De qué fue símbolo la actriz?

5. ¿Cuántos años tenía cuando murió?

6. ¿Cuántos años llevaba separada de su marido?

7. ¿Con qué directores importantes trabajó?

....

2.Texto de anuncios y convocatorias con preguntas

El diario **EL INDEPENDIENTE** publica todos los domingos un suplemento titulado **JÓVENES** con información, artículos de opinión y recomendaciones para la juventud. Una de las secciones del suplemento está dedicada a la televisión.

1.- **Asterix.-** El espacio «Apaga y vámonos» está dedicado esta semana a Asterix, el personaje de historietas que el pasado 29 de octubre celebró su 30 Aniversario. Junto a su biografía de viñetas se ofrece un reportaje del Parque Asterix de Paris y una entrevista con su dibujante.
  -Martes. TVE-1, 18.50 h.

2.- **Duros de roer.-** El programa divulgativo «Ustedes mismos» está dedicado a algo tan complicado como nuestro esqueleto y los huesos que lo forman.
  -Viernes. TVE-1, 19.20 h.

3.- **Gremlins.-** «Sábado cine» ofrece esta película, dirigida por Joe Dante en 1984. Cuenta la historia de unas pequeñas criaturas cubiertas de pelo cuyo simpático aspecto hace que se conviertan en atractivas mascotas, sobre todo para los niños. Sin embargo, una parte de ellos se comportan de manera perversa y gozan con fastidiar al género humano.
  -Sábado. TVE-1, 22.00 h.

4.- **Carlitos.-** Las aventuras de Carlitos, su perro Snoopy, Lino y demás amigos son hoy los protagonistas del espacio «Largometraje juvenil»; una divertida película de dibujos animados.
  -Domingo. TVE-2, 10.30 h.

5.- **Secuencias.-** Con el título de «Trucos de caracterización», Christopher Tucker, uno de los más destacados creadores de maquillaje y efectos especiales, explica sus secretos en películas como «El hombre elefante», «Los niños de Brasil» o las series «Einstein» y «Yo, Claudio».
  -Miércoles, TVE-2, 17.30 h.

6.- **Jean Michel Jarre.-** El espacio «Fuera de serie» emite la grabación del último concierto de Jean Michel Jarre en el puerto de Londres. Como todos los organizados por este intérprete y compositor, supuso un gran espectáculo musical y visual.
  -Sábado. TVE-2, 22.00 h.

7.- **Kim de la India.-** Una película basada en una de las obras más conocidas del escritor Rudyard Kipling. Ambientada en la India colonial de 1880, está protagonizada por Errol Flynn.
  -TM3, 18.00 h.

8.- **Música, Música.-** Este programa emite el último concierto de Tom Jones en el londinense «Hammersmith Odeon». Se ofrecen también imágenes de la vida del cantante, que ha regresado a los escenarios tras varios años inactivo.
  -Sábado. TM3, 22.30 h.

9.- **Komikia.-** Historia del comic desde sus comienzos, incluyendo entrevistas a los principales dibujantes del género.
  -Martes. ETB-1, 21.55 h.

10.- **El Padrino.-** Basado en la novela de Mario Puzo, muestra las vicisitudes de los «capos» de la mafia y de sus familias. Película mítica interpretada por Marlon Brando, Al Pacino y James Caan.
  -Lunes. ETB-2, 22.10 h.

11.- **Bruce Springsteen.-** El programa «Pop Pop» estará hoy con el cantante norteamericano Bruce Springsteen, uno de los mitos de los años ochenta.
  -Domingo. CS, 17.00 h.

12.- **Gallipoli.-** Este filme narra la historia de dos amigos, corredores autralianos y su final sangriento en la batalla de Gallipoli, doloroso episodio de la historia de Australia.
  -Sábado. ETB-1 y 2, 23.50 h.
  EL INDEPENDIENTE *Jóvenes.*
  17-XII-1989

Conteste a las siguientes preguntas:

1. ¿Qué canales de TV aparecen en estas recomendaciones?

....

2. Clasifique los programas según un criterio que usted mismo debe adoptar.

....

3. ¿Cuál de estos programas es el que se emitirá más tarde?

....

4. ¿Cuál de estos programas es el que se emitirá más temprano?

....

5. ¿Para qué día de la semana se recomiendan más programas?

....

6. ¿Para qué día de la semana se recomiendan menos programas?

....

7. Ordene los programas del sábado según su horario.

....

● ●

3. Artículo periodístico de opinión, con preguntas de selección múltiple

Lea con atención el siguiente artículo:

¡Átame!
(Fragmento)

Dirección y guión: Pedro Almodóvar. Fotografía: J. L. Alcaine. Música: Ennio Morricone. España, 1989. Intérpretes: Victoria
5 Abril, Antonio Banderas, Loles León, Julieta Serrano, María Barranco, Rossy de Palma y Francisco Rabal. Estreno en Madrid: *Fuencarral y Madrid*.

10 Pedro Almodóvar, cineasta de enorme singularidad, pues todo cuanto hace no se parece en absoluto a lo que hace ningún otro,
15 llegó por ahora a su punto más alto en *La ley del deseo*. Le fue probablemente difícil a Almodóvar afrontar una nueva película después de la formida-
20 ble fuerza que puso en aquélla. Pero, hombre de imaginación fertilísima, salió airoso del atolladero con *Mujeres al borde de un ataque de nervios*, película
25 sostenida por un guión equilibrado, pero más brillante que honda. El resultado se titula *¡Átame!* y ha despertado gran expectación.

30 *¡Átame!* tiene, ambiciones narrativas, dramáticas y poéticas similares a las de *La ley del deseo*. Como de costumbre, Almodóvar
35 entrelaza en *¡Átame!* dos hilos conductores del relato. Uno de estos hilos, predominante, cuenta una hermosa y originalísima historia de amor. El otro, en contra-
40 punto, cuenta una historia de desamor, de impotencia. Dos lados de una moneda que nunca llegan a ser tal moneda, pues el engarce recíproco entre esos sus dos lados
45 es endeble, lo que crea en el relato un desdoblamiento que hace del filme una especie de mayonesa cortada: no hay plena interrelación entre sus dos com-
50 ponentes esenciales. Hay sólo interrelación mecánica, más obra de cálculo que de genuino aliento fabulador. Allí donde discurre el amor entre
55 Victoria Abril y Antonio Banderas -pese al esquematismo de los personajes y la artificiosidad de algunos diálogos, que los intérpretes remontan con mucho ta-

60 lento y fuerza de convicción- todo funciona. Hay entre ellos escenas memorables e inventos visuales magníficos: cuando
65 ambos fingen dormir, el cambio de casa, la paliza callejera, la llamada a la madre, entre otras. Pero el mundo que les envuelve, y del que es eje Francisco Rabal
70 que carga con un personaje engolado, está construido con materiales de muy inferior fuste, pues se trata de una rosario de escenas planas, rutinarias e in-
75 cluso a veces pura y simplemente malas. La nada campea allí, jalonada por algún chiste visual y, sobre todo, por una serie de dilaciones cuya única virtud es
80 que el espectador añore la otra historia, situada muy por encima de ésta, y agradezca cuando se produce la vuelta a la pantalla de Victoria Abril y Antonio Ban-
85 deras. Si estas escenas son involuntariamente malas, mal asunto: error. Pero si son así aposta, peor asunto: marrullería, trampa.

EL PAÍS, 27-VIII-1990

Lea las siguientes frases. Señale V (verdadero) o F (falso) en relación con el contenido del artículo. A continuación, busque la parte del texto en la que se ha basado para escribir V/F y escríbala en las líneas de puntos.

1. *Pedro Almodóvar es un director de cine que realiza películas muy originales.*

   V ☐ F ☐ ....

2. *«Átame» es la segunda película de Pedro Almodóvar.*

   V ☐ F ☐ ....

3. *Pedro Almodóvar está preparando una película que se titulará «Mujeres al borde de un ataque de nervios».*

   V ☐ F ☐ ....

4. *La película «Átame» sólo cuenta una bella y original historia de amor.*

   V ☐ F ☐ ....

5. *De las dos historias que hay en la película «Átame», la predominante es la que cuenta una historia de odio.*

   V ☐ F ☐ ....

6. *Dos historias, una de amor y otra de odio, componen el argumento de la película «Átame».*

   V ☐ F ☐ ....

7. *Los protagonistas de la historia de amor son Victoria Abril y Francisco Rabal.*

   V ☐ F ☐ ....

4. Redacción de una carta a partir de instrucciones

Se dispone usted a pasar las Navidades en Madrid. En un periódico ha estado examinando cuáles son los espectáculos a los que podría asistir durante esos días y ha elegido éste:

Una obra Intocable que justifica la vigencia de nuestros Clásicos

El Alcalde de Zalamea
Calderón de la Barca

Director: Rafael Pérez Sierra
Interpretes:
(Por orden de diálogo)
Enrique Navarro
Carlos Alberto Abad
José M. Gambín
Resu Morales
Juan Gea
Félix Casales
Joaquín Climent

César Diéguez
Adriana Ozores
Blanca Apilánez
Jesús Puente
Antonio Carrasco
Miguel Palenzuela
Angel García Suárez
Vicente Gisbert
Adaptación del texto:
Francisco Brines

Tratamiento Musical y Efectos Sonoros:
Manuel Balboa
Iluminación:
Juan Gómez Cornejo
Escenografía y Vestuario:
Pedro Moreno
Dirección Escénica:
José Luis Alonso

FUNCIÓN ÚNICA 8 TARDE. **TEATRO DE LA COMEDIA.** DEL 14 DE DICIEMBRE AL 14 DE ENERO

Escriba una carta a Sara y Luis, sus amigos de Madrid, encargándoles que saquen entradas para una fecha determinada.
La carta deberá contener al menos lo siguiente:

1. *Saludar y despedirse.*
2. *Invitar a Sara y Luis a que asistan con usted.*
3. *Fijar la fecha.*
4. *Aludir a la obra y al teatro.*
5. *Manifestar por qué tiene tanto interés en ver la obra.*
6. *Ruégueles también que le envíen, si es posible, una edición de la obra en español para poder leerla antes de verla.*
7. *A continuación, invente una dirección en la que podrían residir Sara y Luis y escríbala en el sobre. Escriba también el remite.*

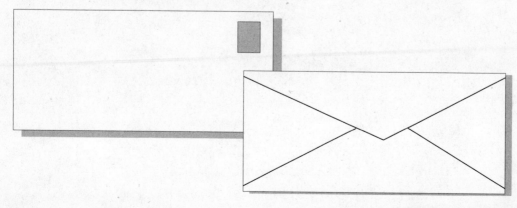

Diploma básico de E.L.E.

C. Gramática y vocabulario

1. Texto incompleto con 10 huecos

El siguiente texto está incompleto. Deberá rellenar cada uno de los huecos con la palabra más apropiada.

La Universidad Autónoma de Madrid, dentro de su programa actual de conciertos, ha ofrecido al público el titulado «Música para Vicente Aleixandre». En él se han vuelto a estrenar las canciones escritas por siete autores españoles .... versos del poeta Aleixandre, interpretadas el pasado .... de julio por primera vez en España.

En la primera .... del concierto, escuchamos varias canciones de compositores españoles. Entre .... , una escrita por Esplá sobre un texto de Clemencia Miró, ... lleva por título «Campo de cruces». La influencia de Rodrigo ..... notó en las canciones de José Peris, organizador de estos .... y músico de reconocida fama.

El público, predominantemente universitario, ... durante más de tres minutos al finalizar los .... compases. Tanto la soprano Atsuko-Kudo .... el pianista Antón Cardó dejaron una buena muestra de sus excelentes cualidades y tuvieron que saludar varias veces.

2. Ejercicios de selección múltiple. Gramática

En cada una de las siguientes frases, hay un hueco que deberá rellenar con una de las cuatro expresiones, eligiendo la que sea más correcta.

1. .... que el equipo llegará a la final.
   a) Supongo   b) Supuse   c) He supuesto   d) Supondré

2. No podemos ir al cine .... no tenemos tiempo.
   a) por que   b) porque   c) porqué   d) por qué

3. .... la obra antes de ir a verla.
   a) Debemos de leer   b) Tenemos leída   c) Tenemos por leer   d) Tenemos que leer.

4. El partido fue muy emocionante .... el árbitro pitó el final.
   a) a la vez que   b) después que   c) mientras   d) hasta que.

5. Elefantes y focas .... la máxima atracción de aquella tarde de circo.
   a) fueran   b) fue   c) fuimos   d) fueron

6. Se ha suspendido la corrida ....

    a)porque ha llovido mucho b) aunque llueve c) para que llueva d) cuando lloviera mucho

7. .... actores secundarios para el rodaje.

    a) Es necesario b) Se necesitan c) Se necesita d) Son necesitados.

8. La carrera duró 1 minuto 45 segundos .... la yegua Alparo.

    a) y quedó ganador b)al quedar ganadora c) resultando ganadora d)y resultó ganadora.

9. .... en 10 segundos es ya una buena marca.

    *a) Correr los 100 metros b) Corriendo los 100 metros c) Corridos los 100 metros
d) Haberse corrido los 100 metros.*

10. El sonido del violonchelo es .... el del violín.

    a) de grave que b) más grave como c) más grave que d) tan grave que.

11. El último disco de Mecano .... mucho a mis amigas.

    a) las ha gustado b) le han gustado c) a ellas ha gustado d) les ha gustado.

12. No sé .... han aplazado el partido de dobles.

    a) a qué b) de qué c) la causa de que d) por qué.

13. .... los aficionados llenaron las gradas.

    a) De temprano b) Desde muy temprano c) De que fue temprano d) Al temprano.

14. ¿Si ganara Karpov la partida, ya .... campeón?

    a) estaría b) sería c) fuera d)será

15. No .... muchos toreros que hayan perdido la vida en el ruedo.

    a) ha habido b) han habido c) habría d) habrían.

16. ¿Perdices y faisanes .... prefiere el cazador.

    a) es la pieza que b) son las piezas que c) son de las piezas de que d) son piezas las que.

17. El rally París-Dakar es una prueba .... todos los años.

    a) a celebrarse b) que se celebra c) celebrándose d) que se habrá celebrado.

18. No se oía bien la orquesta .... ruido de la calle.

    a) ya que era b) por haber c) habiendo d) por culpa del

19. La obra .... desde las primeras filas.

    a) se ve muy mejor b)se ve más bien c) se ve mucho bien d) se ve mejor.

20. Si .... buen tiempo, navegaríamos hasta Formentera.

    a) hiciera b) haría c) hacía d) hizo.

3. Ejercicio de selección múltiple. Vocabulario.

En cada una de las siguientes frases hay un hueco que deberá rellenar con una de las cuatro palabras, eligiendo la más apropiada.

1. La película .... exactamente una hora y cuarenta y cinco minutos.
    a) dura   b) tarda   c) consiste   d) blanda

2. No te olvides de comprar con antelación las .... para el concierto.
    a) entradas   b) billetes   c) reservas   d) invitaciones

3. Anoche se .... la obra con gran éxito de público y crítica.
    a) empezó   b) estrenó   c) inauguró   d) abrió

4. ¿Quién te acompañará a la .... de la exposición?
    a) inauguración   b) cláusula   c) abertura   d) iniciación

5. El equipo español .... al francés en las semifinales del torneo de tenis.
    a) consiguió   b) derrotó   c) perdió   d) ganaron

6. Si fuera presidente del gobierno, prohibiría los .... de boxeo.
    a) partidos   b) combates   c) juegos   d) deportes

7. ¿Qué .... se necesita para practicar el judo?
    a) túnica   b) juego   c) vestidura   d) equipo

8. La ciudad de Barcelona será la .... de los Juegos Olímpicos.
    a) final   b) plaza   c) sede.   d) lugar

9. El equipo del Estudiantes de baloncesto perdió en su .... frente al Barcelona.
    a) campo   b) terreno   c) pista   d) cancha

10. Cuando vaya a España, quiero asistir a una .... de toros.
    a) carrera   b)corredura   c) corrida   d) cacería

4.Vocabulario. Equivalencia

Cada una de las siguientes frases va seguida de tres expresiones (A,B y C), con una de las cuales se puede construir un significado equivalente. Señale cuál de ellas es.

1. <u>No estoy muy seguro de si</u> tendremos entradas para el fútbol.

   a) Dudo si   b) Estoy casi seguro de que   c) No tengo ninguna duda de que

2. La película <u>no duró más que</u> hora y media.

   a) duró más que   b) no duró ni   c) sólo duró

3. <u>Hay</u> noticias a las ocho y media por el canal 1 de TV.

   a) Dan   b) Son   c) Ocurren

4. Arancha Sánchez Vicario <u>derrotó</u> a Steffi Graf en el torneo de Roland Garros.

   a) combatió   b) venció   c) humilló

5. Con el disco que ha grabado, <u>va a ser seguramente</u> el número uno en ventas.

   a) probablemente será   b) va a ser con toda seguridad   c) es seguro que va a ser

6. De todos los bailarines, <u>quien se llevó los aplausos más entusiastas del público</u> fue Antonio Gades.

   a) el menos aplaudido   b) el más aplaudido   c) el que más aplaudió

7. Madonna le ha pedido a Pedro Almodóvar <u>ser la protagonista</u> de una de sus películas.

   a) que sea el protagonista   b) el protagonismo   c) el papel principal

8. Perico Delgado va a <u>correr</u> este año en la Vuelta a España y en el Tour de Francia.

   a) participar   b) estar   c) aparecer

9. En los Juegos Olímpicos de 1992, se espera <u>la más alta</u> participación de los cinco continentes.

   a) la mayor   b) gran   c) mayor

10. Angel Cristo <u>no corre peligro</u> en la jaula de los leones porque es un excelente domador.

    a) no está peligroso   b) no siente peligro   c) no peligra

Clave de Textos orales.

■ **Unidad 1. Familia y costumbres.**

Texto 1.1

Buenos días a todos. Bienvenidos al campamento «Los Ciervos». Hoy vamos a tener un horario especial, debido a que celebramos el día de visita de las familias. Hasta las once y media, los padres podrán visitar las instalaciones, acompañados de sus hijos. A partir de esa hora, tendrán tiempo libre para ausentarse del campamento si lo desean. Las familias que prefieran quedarse por aquí podrán utilizar la piscina y los campos de deportes. A las dos en punto, serviremos la comida, a la que están invitados todos los familiares; pero les rogamos que nos comuniquen si van a comer con nosotros o no, para organizar la cocina y el comedor. Les advertimos que, en cualquier caso, todos los niños deberán estar de vuelta en el campamento a las ocho y media. Muchas gracias por su atención.

Texto 1.2

Aquí «Radio La Vega, Emisora Comarcal». Noticias de sociedad. Como todos los días a esta hora, vamos a informarles de los ecos de sociedad de nuestra comarca. El pasado sábado, en la parroquia de Gemúñez, contrajeron matrimonio la señorita Pepita Esteban, hija del conocido farmacéutico de la localidad, y don Antonio Cardeñosa, profesor del instituto del vecino municipio de Piedrahonda. A partir del próximo domingo, todos los pueblos de nuestra comarca comenzarán a celebrar las primeras comuniones. Especial relevancia va a tener la celebración en Garcinuño, en donde su párroco, nuestro querido don Secundino, cumple ese día las bodas de oro de su ministerio sacerdotal. El conocido poeta de nuestra región, don Agapito de la Rosa, ha recibido la flor natural y el premio de veinte mil pesetas, destinado al vencedor de los Juegos Florales celebrados en la capital la semana pasada.

Texto 1.3

Y ahora vamos a darles a ustedes unas sugerencias sobre lo que pueden hacer este fin de semana para entretener a sus hijos, y al mismo tiempo pasarlo bien ustedes. En el zoológico de La Magdalena, los pequeños pueden disfrutar contemplando las dos pequeñas crías de foca que han nacido hace pocos días.

En la playa del Sardinero, como todos los años por estas fechas, mañana domingo a las doce tendrá lugar el tradicional concurso de castillos de arena. Los que deseen participar deben inscribirse allí mismo, en la playa, una hora antes del concurso. La compañía de títeres «Gorgorito» presentará hoy sábado, a las seis de la tarde, su espectáculo «Esta bruja no dibuja» en la Plaza Porticada. Todos los niños sabéis que la entrada es gratuita. No faltéis, porque habrá globos y numerosas sorpresas para todos.

■ **Unidad 2. Turismo.**

Texto 1.1

Atención. Se ruega a los señores pasajeros del vuelo de Iberia seis cero uno con destino Londres, que se dirijan a la puerta número nueve para proceder al embarque. Señor Atienza, señor Atienza, diríjase al mostrador de información. Se ruega a los señores pasajeros con tarjetas color naranja y verde exclusivamente embarquen en primer lugar.

Texto 1.2

Durante los meses de agosto y septiembre, muchos pueblos de España celebran sus fiestas patronales. En la capital, se celebran las fiestas de San Cayetano, San Lorenzo y la Paloma con verbenas populares. En San Sebastián de los Reyes hay encierros y corridas de toros. En San Lorenzo del Escorial, el próximo día 16 habrá un concierto a cargo de la Orquesta de Cámara de Madrid. Y el 1 de septiembre, el tenor Pavarotti cantará en el Palacio de los Deportes de Madrid.

Texto 1.3

Señoras y señores, estamos llegando a la imperial ciudad de Toledo. Son ahora las diez menos cuarto de la mañana. Dejaremos aparcado nuestro autocar en las proximidades del Alcázar y desde allí nos dirigiremos a las visitas que tenemos programadas para esta mañana: la Catedral, la Casa de El Greco, y San Juan de los Reyes. Si alguno de ustedes, por cualquier circunstancia, se separara del grupo, le recordamos que a las dos en punto el autocar se dirigirá al Parador Nacional, donde tenemos reservadas las mesas para la comida. Después de los postres, les comunicaré cuál va a ser el programa de la tarde. Muchas gracias y feliz estancia en Toledo.

■ **Unidad 3. Economía y Trabajo.**

Texto 1.1

Buenos días. Soy la Sra. Jiménez. Así es como deben llamarme desde ahora. Les voy a explicar en qué van a consistir las pruebas de admisión. En primer lugar, todos van a contestar a un cuestionario con cincuenta preguntas en torno a su vida personal y a sus trabajos anteriores. Cuando hayan terminado esta prueba, pasarán en grupos a las siguientes de esta manera: desde el apellido A hasta la G inclusive, harán las pruebas psicotécnicas en la primera planta; desde la H hasta la M inclusive, tendrán la entrevista personal en este despacho que está a la izquierda; y, por último, desde la N a la Z van a realizar las pruebas de mecanografía e informática. Esta tarde expondremos la lista de los admitidos, que deberán pasar el reconocimiento médico mañana por la mañana, a las ocho en punto, en este mismo lugar. Ya saben que es obligatorio realizar todas las pruebas. Buena suerte.

Texto 1.2

Con vistas a la campaña de verano, el Ayuntamiento de Madrid ofrece puestos de trabajo para los jóvenes menores de veinticinco años: Sesenta plazas de monitores de tiempo libre para acompañar a grupos de niños que van a pasar quince días en las playas del litoral cantábrico. Hay también una interesante oferta de treinta plazas para puntos de Información Turística en la capital. Esta oferta está dirigida a los alumnos de las escuelas de Turismo. Para asistir a los ancianos que no pueden acompañar a sus familiares durante las vacaciones, se ha organizado un servicio de ayuda domiciliaria para el que se van a precisar por lo menos ciento cincuenta jóvenes. Para más información, los interesados deben dirigirse en persona al Ayuntamiento, Area de Servicios Sociales, Plaza de la Villa, número 5.

Texto 1.3

Durante la presente semana, el dólar se ha recuperado algo con respecto a la peseta. Hoy viernes se cotiza a 97,350. Sin embargo, la libra esterlina ha descendido ligeramente y ha quedado a 185,070. La semana bursátil ha resultado bastante más tranquila que las inmediatamente precedentes, destacando las recuperaciones registradas en Tokio (7,5%), Francfort (5,31%) y Londres (4,75%).

■ **Unidad 4. Gastronomía.**

Texto 1.1

Hoy les vamos a dar una receta muy sencilla con la que podrán ofrecer a sus amigos un plato estupendo: Cordero lechal asado. Conviene que compre usted cordero que de verdad sea lechal, es decir muy tierno. Pida usted al carnicero que le dé algunos cortes a la pieza para que después pueda trincharlo más fácilmente. Se le pone un poco de ajo. Se unta ligeramente con manteca de cerdo y se le echa sal. Debe estar en el horno a temperatura media durante treinta minutos por cada medio kilo de peso. De vez en cuando rocíelo con su propio jugo. Cuando esté casi dorado añádale un poquito de vino blanco y déjelo otro cuarto de hora en el horno. Debe servirlo bien caliente, acompañado de una buena ensalada.

Texto 1.2

Los próximos días 6, 7 y 8 de septiembre, tendrá lugar en San Sebastián un encuentro de los más famosos cocineros del País Vasco.

El objetivo del encuentro es doble: por una parte, intercambiar información sobre la denominada «nueva cocina vasca» de la que tanto se habla durante los últimos años; y por otra, potenciar los platos tradicionales que están en todos los recetarios de las abuelas de la región. Esta mezcla inteligente de lo nuevo y lo viejo está poniendo a la cocina del norte a la cabeza de las de nuestra nación. Las reuniones tendrán lugar en el Club Náutico de la capital donostiarra. Cada día, dos cocineros rematarán sus intervenciones con la presentación de dos platos por ellos elegidos, que los asistentes al congreso podrán degustar. Han prometido su asistencia cocineros franceses que se muestran cada vez más interesados por las artes culinarias de sus vecinos del sur.

Texto 1.3
Buenas noches, señores. ¿Qué tal están ustedes? Hoy les voy a recomendar para cenar algunos platos muy especiales. Pueden pedir para comenzar un revuelto de setas con gambas. Las setas son de cardo y nos las han traído hoy mismo de unos pinares que hay aquí, muy próximos. Les van a encantar. También les puedo servir un pudin de pescado en su punto o, si prefieren las sopas, les puedo recomendar una de champiñón. De segundo, tenemos un besugo al horno que siempre acompañamos con patatas. La carne también está muy bien, especialmente la ternera asada con salsa. A los niños, podemos ponerles una buena hamburguesa con patatas fritas. ¿Qué les parece? Luego ya me dirán si quieren algún postre. Tenemos unas tartas caseras deliciosas. Si me deja usted su abrigo, señora, se lo llevo al guardarropa. Así no le molestará.

■ Unidad 5. Arte

Texto 1.1
Ahora vamos a entrar en la sala del museo especialmente dedicada a pintura española. Procuren no alejarse demasiado. Les recuedo que en este museo está prohibido sacar fotografías. Aquel cuadro que tenemos enfrente es una de las muchas versiones de *La Inmaculada* que pintó Murillo. A su derecha pueden ustedes admirar una pintura mitológica de un discípulo de Rubens. A su izquierda, el *Retrato de un caballero desconocido*, de El Greco. También es de El Greco este otro cuadro que representa a su hijo ante una vista de la ciudad de Toledo. También cuenta esta sala con una pintura de Goya: la tienen a su espalda. Es un retrato de la Condesa de Chinchón. A la salida podrán ustedes encontrar tarjetas postales con la reproducción de todos estos cuadros.

Texto 1.2
Ayer se clausuró la exposición de fotografía que ha estado abierta en el Palacio de Cristal del Retiro desde el pasado día 15 de mayo. Aunque se trataba de obras de autores de hoy, ha llamado la atención especialmente la sala dedicada al famoso fotógrafo Ortiz Echagüe. Sus juegos de luces y sombras siguen siendo una lección para los fotógrafos actuales que, con equipos mucho más complejos, no siempre son capaces de igualar su maestría. De las cerca de mil fotografías expuestas, hay que resaltar sobre todo la serie titulada «Arboles Secos», que es un homenaje a los olmos que están desapareciendo del paisaje de nuestra España. Su autor, Ricardo Esteban, es un joven de diecinueve años que lleva practicando el arte de la fotografía desde los catorce.

Texto 1.3
Atiendan un momento, por favor. Cuando bajemos del autocar, vamos a visitar la Universidad de Salamanca. Como el grupo es demasiado numeroso, lo vamos a dividir en tres grupos pequeños. Procuren ustedes seguir las indicaciones de sus respectivos guías. El primer grupo va a visitar con su guía el edificio de las Escuelas Menores; el segundo verá conmigo la fachada de la Universidad y su interior; y el tercero, acompañado por la señorita Alejandra, visitará la casa rectoral donde vivió Unamuno. Los grupos irán rotando para terminar la visita hacia las doce del mediodía.

■ Unidad 6. Salud.

Texto 1.1
Doctor Gaytán, doctor Gaytán acuda al quirófano con urgencia. Se recuerda a todos los visitantes de este hospital que está prohibido fumar en todas las dependencias. Les recordamos a todos los visitantes que este hospital tiene un servicio de donación de sangre en la planta baja. Les agradecemos de antemano su donación desinteresada.

Texto 1.2
Ahora que llegan los meses de verano, son más frecuentes las afecciones intestinales. Por eso, les vamos a dar algunos consejos prácticos para evitar estos problemas: Lave siempre las frutas y verduras, incluso añadiéndole al agua dos gotas de lejía cuando se trate de verduras con las que va a preparar sus ensaladas. No consuma helados que no sean de fabricación industrial. No beba agua de arroyos, pozos o manantiales por muy limpia que le parezca. Si no consume el agua habitual, es preferible que la pida siembre embotellada, pero procure que se la abran en su presencia.

Texto 1.3
Los primeros dientes le salen al bebé entre los 6 y 8 meses, pero no se preocupen si ocurre más tarde. El resto de los dientes le van a salir entre los ocho y los doce meses. Las primeras muelas o molares aparecen en torno al año; y los últimos dientes que aparecen son los colmillos, también llamados caninos, que salen a partir del año y medio aproximadamente. A partir de los seis años, empezarán a caerse estos dientes de leche, que irán desapareciendo progresivamente hasta los trece años.

■ Unidad 7. Transportes y Comunicaciones.

Texto 1.1
Tren procedente de Atocha con destino Valladolid y León. Va a efectuar su entrada por vía 3. Este tren tiene paradas hasta Avila, en Villalba y El Escorial. Se ruega a los señores viajeros que no crucen las vías. Utilicen los pasos subterráneos. Tren Talgo Puerta del Sol procedente de París, que tenía prevista su llegada a las 9.30 horas, circula con un retraso de 20 minutos. Atención. Aviso para los trabajadores que se dirigen a la vendimia francesa en el tren especial. Este tren está situado en vía 12 y va a efectuar su salida dentro de breves minutos.

Texto 1.2
Y ahora vamos a informarles del estado del tráfico en las próximas horas.
El Partido de fútbol que tendrá lugar a las 9 de la noche en el estadio Santiago Bernabeu, puede provocar retenciones en el paseo de La Castellana y alrededores; así que es aconsejable que utilicen los transportes públicos desde una hora antes del partido hasta su finalización. Recuerden también que siguen las obras de asfaltado en la avenida de la Reina Victoria por lo que se recomienda utilizar la calle San Francisco de Sales para dirigirse a la Ciudad Universitaria. Nos llega en estos momentos un aviso de socorro. Se ruega a Luis Salazar, que viaja hacia Huelva en un Seat Málaga color blanco, que se ponga en contacto con su domicilio en Gerona por causa familiar grave.

Texto 1.3
Los cruceros italianos, con salida desde Barcelona, Génova o Venecia, son este verano los que tienen una mayor demanda. Hoy le vamos a sugerir dos posibles viajes: el «Costa Marina» es una modernísima nave que sale todos los lunes de Barcelona para un crucero de siete días, en el que toca los puertos de Palma de Mallorca, Ibiza, Palermo, Nápoles y Génova. El precio está alrededor de las 132.000 pesetas. Si prefiere usted acercarse a las puertas del misterioso oriente en un barco con historia, al «Achille Lauro», que parte de Génova, le llevará a Nápoles, Alejandría, Estambul, Atenas y Capri, en una travesía de 14 días, que le costará no menos de 288.000 pesetas.

■ Unidad 8. Comportamiento social.

Texto 1.1
Por favor, presten atención todos los alumnos y alumnas del centro. Los cursos de primero y segundo van a permanecer en el patio de recreo hasta dentro de media hora; es decir, hasta las nueve y media. Y los alumnos de tercero y del Curso de Orientación Universitaria pasarán ahora al salón de actos, donde van a conocer a los profesores que serán sus tutores este año. Ya sabéis que no se puede abandonar el recinto del colegio sin un permiso firmado del Jefe de Estudios. Recordad también que está prohibido fumar incluso en los patios. Las puertas del colegio, como en años anteriores, se cerrarán diez minutos después de la entrada. El alumno que llegue tarde deberá entrar en el colegio por la puerta de secretaría. Que tengáis todos un curso muy provechoso.

Texto 1.2
La Oficina de Información al Soldado ha vuelto a insistir una vez más en un tema ya muy antiguo, que sigue siendo motivo frecuente de noticias en todos los medios de comunicación: las «novatadas». Cuando un soldado llega al cuartel, es frecuente que tenga que hacer frente a bromas pesadas que en ocasiones acaban en tragedia. A veces se trata sólo de revolverle la cama para que, al acostarse, no pueda meterse en ella fácilmente: es lo que se conoce con el nombre de «petaca». Otros prefieren mandar al novato a visitar al capitán para pedirle la funda del mástil o cualquier otra fantasía. Pero no todas las novatadas son tan inocentes. Durante el pasado año, diez soldados tuvieron que ser atendidos en centros hospitalarios por diversas lesiones: quemaduras, contusiones, etc. Incluso, alguno tuvo que recibir asistencia psiquiátrica. ¿Cuándo se va a hacer de verdad efectiva la prohibición de recibir a los soldados en los cuarteles con esta clase de bromas? El Ejército hace ya mucho que las prohibió; pero lo cierto es que los soldados las siguen sufriendo cada año.

Texto 1.3
El número de matrimonios que se han separado el pasado año 1989 fue de 34.692. Esta cifra puede parecernos grande o pequeña, pero adquiere su dimensión real si la relacionamos con la de 1985, en el que hubo 25.046 separaciones. Es decir, que en los últimos cinco años, las separaciones matrimoniales han aumentado un 38,5%. En el mismo periodo, los divorcios aumentaron en un 26,09%. Aunque separaciones y divorcios han aumentado progresivamente durante los últimos cinco años, parece confirmarse la tendencia a preferir la fórmula de la separación, tal vez porque a las parejas esta opción les resulta económicamente menos gravosa.

■ Unidad 9. Ecología.

Texto 1.1
Rogamos a todos los visitantes que se abstengan de echar comida a los animales. Dentro de quince minutos, dará comienzo la exhibición de nuestros simpáticos delfines. La entrada al delfinario no está incluida en el pase al parque zoológico. Deberán sacar su entrada en las taquillas del mismo delfinario. Atención, por favor, a las doce en punto los cuidadores darán de comer a los leones. No deje de visitar con sus niños la instalación de papagayos que les divertirán con sus juegos. La entrada es gratuita.

Texto 1.2.
El director del proyecto «Lucha contra la Desertización en el Mediterráneo», José Ángel Carrera, ha afirmado que el 16% de la superficie de España está en grave peligro de desertificación, es decir, de desertización por la acción del hombre sobre el medio. Las áreas geográficas en las que el proceso es más evidente están en Granada, Almería y Murcia. Aseguró también que hay soluciones técnicas para frenar este proceso, la más importante de las cuales es la reforestación o plantación de especies autóctonas. Aunque el Estado aporta anualmente 8.000 millones de pesetas para luchar contra la desertificación, el esfuerzo no es suficiente, ya que la acción de los incendios contrarresta todos los años gran parte de dicho esfuerzo.

Texto 1.3
La exposición «Natura misteriosa» va a continuar abierta en Barcelona durante todo el año. En ella podrá contemplar reptiles, insectos y anfibios de los cinco continentes. Hasta el día de hoy ha sido visitada por 150.000 personas desde que se inauguró a finales de diciembre de 1989. Las especies más admiradas son las crías de la araña viuda negra y las de la araña de plata. Hay también dos camaleones africanos, dos especies de ranas sudamericanas de colores y crías del lagarto pakistaní, de vistosos colores marrón y amarillo. Los horarios de visita de esta exposición que se halla en el parque zoológico de Barcelona, en el paseo de Picasso, son de 9.30 a 19.30 en agosto; de 10.00 a 19.00 en septiembre y de 10.00 a 17.00 desde octubre a diciembre. No se pierda esta oportunidad.

■ Unidad 10. Deporte y Espectáculos

Texto 1.1
Tomen nota de los principales acontecimientos deportivos que van a celebrarse en los próximos cinco días: El martes, día 12, baloncesto; el Real Madrid se enfrentará en Belgrado al Partizan. El miércoles, día 13, y transmitido por TV 2, a las 20 horas, el encuentro internacional de fútbol España-Suiza, que se jugará en Tenerife. El jueves, día 14, en Stuttgart, partidos de la final de la Copa de Davis entre la República Federal de Alemania y Suecia. El viernes, día 15, en Sierra Nevada, desde las 12 del mediodía, descenso masculino de la Copa del Mundo. El sábado, día 16, y transmitido por TV 2, a las 17.30 h., encuentro de balonmano entre el Atlético de Madrid y el Michelín-Valladolid.

Texto 1.2
La temporada de otoño en el hipódromo de La Zarzuela finalizó ayer con la disputa, como ya viene siendo tradicional, del Premio Francisco Cadenas, una de las carreras más largas de cuantas componen el calendario de pruebas. La victoria fue para «Carbonado», de la cuadra Torrejón, que cubrió los 3.200 metros del recorrido en cabeza. El estado de la pista, muy embarrada por la lluvia caída durante los últimos días, influyó decisivamente en el resultado de esta competición y, por supuesto, de todas las demás.

Texto 1.3
Atención, por favor. El Auditorio Nacional nos ruega que emitamos el siguiente aviso relacionado con el XII Ciclo de Cámara y Polifonía: Por prescripción facultativa, la cantante Teresa Berganza comunica la suspensión definitiva del recital programado para el miércoles 22 de noviembre.
Con el fin de cubrir esta notable ausencia, la Orquesta y Coro Nacionales de España, responsables de la organización del Ciclo, ha conseguido la contratación del insigne barítono americano Thomas Hampson, una de las actuales figuras del bel canto.
Los espectadores que lo deseen pueden devolver las entradas en el Auditorio Nacional de Música, en el horario habitual de taquillas, hasta el miércoles día 22 inclusive y hasta una hora antes de la celebración de dicho concierto.

Clave de Soluciones

Unidad 1. Familia y Costumbres.
A.Comprensión y Expresión oral
1.1 (Texto: Buenos días a todos ...) 1.«Los Ciervos».-2.Visitar las instalaciones.-3.Comunicarlo con antelación.- 4. A las ocho y media.- **1.2** (Texto: Aquí Radio La Vega ...) 1. Es farmacéutico.- 2. Cincuenta años- 3. Siendo el vencedor en los Juegos Florales **1.3** (Texto: Y ahora vamos a darles a ustedes ...) 1. Sí.- 2.No.- 3.No.-**2.1** Enhorabuena. Ha tenido usted mellizos.- **2.2** Mirad qué moto me ha regalado mi padre por tener buenas notas.- **2.3** Ahora ya estamos todos. Ya puede usted sacar la foto.-
B.Comprensión y Expresión escrita
1 1.En un sesenta por ciento.-2.Hasta hace unos años, ingresaban más ancianos en verano; pero ahora, en cualquier época del año.-**3**.Un promedio de cuatro personas .-4.Porque los pisos son pequeños y los familiares casi nunca están en casa.-5.Los centros de cuidados mínimos y la asistencia domiciliaria.-6.Son insuficientes.- **2** 1.Seis mil pesetas.- 2.Seis mil pesetas.-3.Sesenta mil pesetas.-4.Nuestra Señora del Pilar, en Zaragoza y Juan Luis Vives, en Madrid.-5. Para el curso 1989-1990.-6.Para material de estudio.- 7. En el mes de junio.- **3** 1. Falso: «... las mujeres ganan por término medio un 22,6 por ciento menos que los hombres...».-2. Falso: « En los casos más graves se han llegado a detectar problemas físicos ... como ... impotencia...».-3. Verdadero:« ... pero de eso, a admitir tranquilamente que su compañera gane más que él, va un mundo...». 4. Verdadero:«Hay que reconocer en su favor que mientras las mujeres viven una época de conquistas...».-5. Falso:« ... y, en ocasiones, viven el triunfo de sus compañeras como una agresión».6. Verdadero:« ... el 20 por ciento de los conflictos conyugales surgen a causa del dinero ...».7. Verdadero: « A medida que el nivel cultural es más alto, el hombre no suele oponerse a que su esposa tenga un trabajo remunerado». **4** (Ejemplo): León, 16 de abril de 1991.-Queridos Rosa y Félix: He recibido la invitación de vuestra boda y os podéis imaginar la alegría que me ha producido. No sabéis lo que siento tener que deciros que no puedo asistir. Precisamente en esas fechas estaré realizando los exámenes para obtener el Diploma de Español y ya sabéis lo importante que es para mí sacarlo pronto. Como quiero que tengáis un recuerdo mío siempre presente en vuestra casa, os enviaré en los próximos días un regalo. Espero que os guste. Os deseo toda la felicidad del mundo en vuestro matrimonio y os mando un fuerte abrazo. Karen.
C.Gramática y Vocabulario
1 el•porque•embargo•va•edad•todo•es•mejor•Hay•niño. **2** 1.b) se deben-2.d) se enamoró de ella-3.c) Papá y yo estamos.-4. c) le llega-5.a) Es verdad-6.c)sintió.-7.c) se va a casar con.-8.a) por.—9.b) para dar a luz.-10.c) cada vez más alta.-11.d) Siempre que.-12.d) más cómoda que la.-13.d) pasar.-14.c) Por muy mal que.-15.c) me han regalado.-16.d) sorprendería-17.d) al primero que.-18.a) Éstos que.-19.c) creo que.-20.c) qué guapo. **3** 1.d) estrellar.-2.c) se empeñó.-3.a) vivimos.-4.d) nietos.-5.a) mellizos.-6.b) mellizos.-7.d) cosa.-8.c) manera.-9.d) permiso.-10.d) mayor. **4** 1.a) los problemas propios.-2.b) ya está a punto de terminar.-3.b) Cuando nació.-4.c) prepáranos.-5.b) separarse.-6.b) han enviado.-7.b) así de.-8.c) acostumbramos a.-9.c) el curso.-10.a) por semana.-11.b) en familia.

Unidad 2. Turismo.
A.Comprensión y Expresión oral
1.1 (Texto: Atención.Se ruega a ...) 1.Londres.-2.Al Sr. Atienza.-3.Los pasajeros con tarjetas color naranja y verde **1.2** (Texto: Durante los meses ...) 1.A San Sebastian de los Reyes.- 2.Un concierto.- 3. El uno de septiembre. **1.3** (Texto: Señoras y ...) 1.A las diez menos cuarto.-2.En las proximidades del Alcázar. 3.-Después de comer.**2.1** Estos zapatos no son los míos. **2.2** ¡Qué mala suerte! Está lloviendo.**2.3** Es que me he distraído.
B.Comprensión y Expresión escrita
1 (Texto: Las vacaciones...)1.En los meses de otoño.-2.Marraquech.-3.A Santos Robles.-4.Antillana de Navegación.-5.Porque no había aire acondicionado.-6.Porque el avión no tenía ruedas.**2**(Texto:Excursiones pedestres...)1.Van a ir a pie.-2.Porque uno de ellos es para los socios federados y el otro para los no socios.-3.Seis días.-4.Ocho días.-5.En Madrid, calle Santa María 20.-6.Un ciclo de tertulias. **3**(Texto: La revolución del sol) 1. Verdadero: «El sol no forma parte de nuestro ocio...hasta bien entrado el siglo».2. Falso: «...hay cremas para proteger la piel ... y hacerlo más duradero».3. Falso:« ... no se puede confiar a ciegas en cremas y lociones ...»4. Verdadero:«Los médicos llevan mucho tiempo insistiendo en lo nocivo de las largas exposiciones al sol».5. Verdadero:« ...suministra al organismo calcio y vitamina C».6. Falso:« ...está demostrada la etiología solar de muchos cánceres dermatológicos ...».7. Verdadero: « ... que una sociedad tan «juvenilizada» ... practique ... un culto solar ...»
C.Gramática y Vocabulario
1 (Texto: Avila) son•una/alguna•hay•estilos•más•comer•típicos•la• pedir/tomar• ve/contempla. **2** 1.a)más.-2.b)salgas.-3.d)Por.-4. b)comeremos.-5.a) espléndidos.-6.b)A ti y a mí.-7.d)que.-8.c)Tráigame.-9.b)con.-10.a)mayor.-11.d)cuánto.-12.b)algún.-13.d)si.-14.b)abren.-15.a)Por mucho que.-16.b)no dejando.-17.c)no comamero.-18.a)Suban.-19.c)Dale.-20.b)cómo se hace.-**3** 1.c)construido.-2.b)hora.-3.a)playas.-4.d)celebrará.-5.a)vamos a ir.-6.b)de peaje.-7.c)antiguo.-8.d)interesa.-9.b)atención.-10.d)tapa.-**4** 1.a)cuando tenía quince años.-2.b)me matricularé en.-3.b)comprar.-4.c)en los bares al aire libre.-5.b)La solución es tomar baños en.-6.c)el conjunto de paradores nacionales.-7.a)festeja.-8.b)tomar un coche en alquiler.-9.a)ve casi toda.-10.b)cómo puedo llegar a.-

Unidad 3. Economía y Trabajo.
A.Comprensión y Expresión oral
1.1 (Texto: Buenos días. Soy la Sra. Jiménez ...) 1.A seis.-2. un cuestionario con cincuenta preguntas.-3.A las ocho de la mañana del día siguiente.- **1.2** (Texto: Con vistas a la campaña ...) 1.Sí.- 2.No.- 3. No.- **1.3** (Texto: Durante la presente semana ...) 1. La libra esterlina.-2.La de Tokio.- 3.-El viernes.- **2.1** Vuelva usted cuando esté más presentable.- **2.2** Ya hemos puesto el tejado. Ha quedado perfecto.- **2.3** Esta vez sí que hemos tenido suerte.-
B.Comprensión y Expresión escrita
1 1.Hasta reunirse con el director general de Aviación Civil.-2.El presidente de la asociación de controladores aéreos.-3.Algunos altos cargos.-4.Un día aún no fijado de esta semana.- **2**. Anuncio primero:1.El del camarero.-2.Entre veinte y treinta años.-3.Al menos un año.-Anuncio segundo: 1.Dependientes de joyería de ambos sexos.- 2. Bachillerato.- 3. Sueldo fijo.- 4. Un currículum y una fotografía reciente.- **3**. 1. Falso:«... el tercero de los tres trabajadores ... fue encontrado ... ». 2. Verdadero: «... un millar de mineros han perdido la vida ...». 3. Falso:« ... es cuatro veces mayor que en el Reino Unido...». 4. Falso:« ... da empleo a 19.000 de los 27.000 trabajadores ...».5. Verdadero:« ...26 mineros perdieron la vida ... elevando ... así un índice de siniestralidad ...».6. Falso:« ... lo cierto es que la inversión en seguridad sigue estando en España muy por debajo de la de otros países ..».7. Verdadero: « ... las explosiones de gas grisú ... son ahora menos frecuentes que hace 15 ó 20 años ...».
C.Gramática y Vocabulario
1 al•después•despacho•sin•dirige/encamina•punto•donde• hace• último / fin• toda. **2** 1.a)trabajar.-2.c) ninguno.-3.d) sus.-4. a) ha habido.-5.b) a salir.-6.c) porque llegaba.-7.b) empaquetara.-8.a) si tenía.-9.d) jefe.-10.a) Tendría.-12.a) estando.-13.b)todo.-14.c) que no me lo.-15.d) es la hora de.-16.a) hablando de las vacaciones.- 17.d) Conducir el tren.- 18.a) Por motivo.- 19.b) Ni (...), ni.- 20.c) sobre la cual.- **3**. 1.b) El personal.-2.a) fontanero.-3.b) cobrar.-4.d) arriesgada.-5.c) antes.-6.b) mala.-7.c) y además.-8.c) promoción.-9.d) experiencia.-10.c) aumente.- **4**. 1.b) Se necesita.-2.a) durante los meses de octubre, noviembre y diciembre.-3.b) encargarse de.-4.a) retribuido.-5.c) Es verdad que.-6. a) a realizar viajes.-7.c) inaugurar.-8.a) Casi no hay.-9.c) muy limpio.-10.a) es indispensable.-